세상을 바꾼
플랫폼
성공 비법

세상을 바꾼

플랫폼
성공 비법

Platform

고객의 비즈니스 가치를 연결하는 플랫포머

김성겸 지음

중앙경제평론사

$$aX + bX + cX = (a+b+c)X$$

a, b, c : 플랫폼 참여자

X : 플랫포머

A platformer is a mediator and an intermediary
that connects participants to the platform.
플랫포머는 플랫폼에 참여한 주체,
즉 참여자를 연결하는 매개체이자 중개자다.

당신은 플랫포머입니까?

1990년대, 학교 교훈(校訓)의 슬로건에는 '21세기'를 활용한 문구가 많았다. 내가 다녔던 학교는 밀레니엄 시대를 앞두고 21세기의 주역이 되어 푸른 나래를 펼치라는 식의 다소 모호한 문장이었다. 알 수 없는 미래와 초등학생의 동심을 희망의 당부와 함께 표현한 것인 듯하다.

하지만 21세기의 주역이 될 Z세대 청소년들의 꿈이 '유튜버'가 될 줄 어느 누가 상상했을까? "춤추고 노래하는 예쁜 내 얼굴, 텔레비전에 내가 나왔으면 정말 좋겠네"라는 노래는 이제 추억의 동요가 되었다. 텔레비전보다 막강한 플랫폼 유튜브에서 자신의 얼굴이 나오는 꿈을 너도나도 이루고 있기 때문이다.

단기간에 비약적 발전을 이뤄낸 대한민국 경제의 역사는 한강의 기적이라 일컬어질 정도로, 전쟁의 폐허를 딛고 1970년대부터 개발 시대를 거치며 눈부신 경제성장을 이루었다.

우리나라의 이러한 성장 사례는 1997년 IMF로부터 금융 구제를 받았을 때 빛을 발했다. 국민의 참여로 진행된 금 모으기 운동으로 국민들은 자발적으로 금을 내놓아 국채를 갚으려 애썼다. 당시 우리나라는 금 모으기 운동으로 약 21억 3,000달러(약 2조 4천억 원)어치의 금을 모을 수 있었다. 국가 부도의 위기에 국민들의 자발적인 희생정신이 돋보인 사례였다.

이후로, 외국의 투자 유치와 자본이 더 많이 몰렸다. 그만큼 우리나라의 위기 극복 능력을 세계가 인정한 것이었다. 또한 우리나라는 2008년 미국발 글로벌 금융위기가 발발한 지 2년이 채 되지 않은 2010년에 OECD 국가 중 가장 빨리 위기를 극복한 나라로 평가받았다.

그리고 2020년 코로나19로 세계의 경제가 살얼음판을 걷고 있는 와중에, 우리나라는 정부 주도의 통제 아래 바이러스의 추가 확산을 방지하고 피해를 최소화하고 있다. 우리나라는 질병을 억제하는 우수한 관리 체계뿐 아니라 모범적인 시민의식으로도 전 세계가 본받을 만한 사례가 되었다.

하지만 코로나19의 장기화와 포스트 팬데믹으로 경제성장 또한 정체될 것으로 전망된다. 이로 인한 실업 증가, 경기침체 등으로 국민들의 전반적인 생활 여건이 악화되면서, 인구 구조적으로도 고령화와 저출산이 가속화되고 있다. 이제는 장기적인 관점에서 사회 양극화를 해소하고, 다음 세대까지 아우를 수 있는 지속 가능한 발전 전략이 필요한 상황이다. 이러한 어려운 시기를 돌파하기 위해서는 비즈니스를 통한 타개책이 필요하다. 그리고 플랫폼 비즈니스가 문제를 푸는 해답이 될 것이다.

여기서 잠깐. 당신은 플랫포머(Platformer)인가? 플랫폼(Platform)은 흔히 듣고 익숙한 말이지만, 사람을 뜻하는 접미사 '-er'이 붙은 플랫포머는 다소 생소하다. 그렇다면 플랫포머는 누구이며, 무엇인가? 플랫포머는 가치를 교환할 수 있도록 구조화된 환경에서 플랫폼에 참여한 주체, 즉 참여자를 연결하는 통로가 되어 비즈니스를 현실화하는 개인 또는 조직이라고 정의할 수 있다.

그런 의미에서 다시 한번 자문해보자. 당신은 플랫포머인가? 당신의 조직은 플랫포머인가? 아직 그 의미가 잘 와 닿지 않는다면, 이 책을 통해 미래에 개인과 조직의 생존을 위해 꼭 필요한 플랫포머 개념을 장착해보도록 하자.

여기, 사진에 대해서 아무것도 모르는 사람이 있다. 그는 사진을 공부한 적도 없고, 직접 사진을 찍지도 않는다. 그러나 그가 사진을 이용해 종횡무진 사업 확장에 열을 올리고 있는 사업가라면, 어떻게 그런 일이 가능한지 의아할 것이다.

그는 예비 신혼부부들에게 스냅 사진 촬영 서비스를 제공한다.

온라인 사이트와 모바일 앱(App)을 통해 공급자인 사진작가와 수요자인 예비 신혼부부들을 서로 연결시켜주는 일이다.

사진작가들은 일거리를 찾아 그가 개설한 플랫폼에 본인의 경력 사항과 샘플 사진을 올린다. 그러면 스튜디오 촬영 대신 스냅 사진 촬영으로 결혼 비용을 절감하려는 예비 신혼부부들이 플랫폼에 방문해 본인의 스타일에 맞는 사진작가를 선택한다. 예비 신혼부부는 플랫폼에 일정액의 수수료를 포함한 비용을 지불하고, 사진작가의 연락처를 공유 받아 직접 촬영 일정과 장소를 정한다. 물론 이 과정에서 사업가는 특별한 경우가 아니면 개입하지 않는다. 그는 이렇게 플랫폼 역할을 하는 플랫포머가 되어 서비스의 매개체 역할을 할 뿐이다.

개인뿐만 아니라 조직 차원에서 플랫포머가 되려면 기업의 체질을 변화시키는 혁신이 필요하다. 그리고 혁신하는 데는 해당 조직의 비즈니스 프로세스가 어떻게 구성되어 있는지가 중요하다.

한편, 비즈니스 프로세스를 플랫폼화하는 작업은 조직의 전략을 바탕으로 설계되어야 한다. 이러한 전략을 구현하여 경쟁 우위를 확보하고 있는 기업이 있다.

아마존은 제프 베조스(Jeff Bezos)에 의해 1994년에 창립된 이래, 기업 목표로 고객 가치를 강조해왔다. 그리고 배송 네트워크를 강화하는 등 코로나19 바이러스에 대응하여 2020년 2분기에도 월등한 영업 이익을 달성했다. 이처럼 아마존은 조직의 미래를 개척하며 고객 가치 전략을 펼치고 있다. 아마존의 특징은 자체 브랜드를 제공할 뿐만 아니라, 아마존을 통해 제품을 판매하는 기업의 브랜드를 모방할 수 있다는 점이다.

이처럼 아마존은 우수한 디자인과 사용 경험을 제공하면서 더 많은 자체 제품이 판매될 수 있도록 하고, 모든 브랜드의 운영 방식에 영향을 줄 수 있는 파급력을 갖고 있다. 고객이 이용하기 편리한 쇼핑 환경을 제공하고 홈페이지 내에서 상품을 쉽게 선택할 수 있으며 배송 및 반품에 대한 관리 서비스가 우수한 마켓 플레이스이기 때문에, 고객이 보기에는 판매 브랜드의 차이점을 구분하기 힘들다. 그래서 판매하는 기업의 입장에서는 쉽지 않은 경쟁 구도에 고전하고 있다.

이러한 상황에 대한 타개책이 있다면 소비자에게 직접 판매하는 브랜드의 장점을 잘 활용하는 것이다. 특별히 소비자 충성도와 브랜드 아이덴티티(Brand Identity)를 조합하여 우수한 제품과 독특하고 탁월한 소비자 사용 경험의 인터페이스를 제공하는 것을 중점 전략으로 삼아야 한다. 무엇보다 브랜드를 홍보해주는 사용자 커뮤니티가 조직되어 바이럴 마케팅이 이루어질 수 있도록 시용 행사 및 이벤트 등을 기획하는 것이 좋다.

판매자 입장에서 이를 효과적으로 활용하기 위한 도구가 바로 플랫폼이다. 특별히 소비자에게 직접적으로 다가가야 하는 초기 단계에는 플랫폼을 통한 접근이 가장 쉬운 방법이다. 게다가 플랫폼을 통해 홍보를 시작하면 광고 예산을 대폭 절감할 수 있다. 이렇게 플랫폼은 소비자 타깃팅[1]과 브랜드 구축을 위한 마케팅 채널로 효과적이다. 플랫폼을 통한 광고비가 기존에 비해 증가하더라도 이를 활용한 효과가 훨씬 크기 때문에 기업은 마케팅 면에서 제품을 가장 효과적으로 타깃팅할 수 있는 방법으로 플랫폼에서의 판매 시나리오를 고려한다.

고객의 입장에서는 아마존에서 제품을 구입하면서 아마존과 1차 관계를 맺게 된다. 고객과 브랜드와의 관계는 부수적인 것처럼 보이지만, 기업의 입장에서는 이 관계에 사활을 걸어야 한다. 고객과 브랜드가 소통할 수 있도록 관계를 맺고 관계성을 발전시켜야 하는 것이다. 그리고 서비스나 상품을 출시한 후 어떻게 홍보할지, 제품의 디자인과 느낌을 어떻게 표현해야 하는지, 어떻게 접근했을 때 가장 효과가 좋은지 등을 파악하며 궁극적으로 아마존이라는 거대한 플랫폼을 활용한 판매 시스템을 구축할 수 있다.

이처럼 개인 또는 조직마다 본연의 가치를 추구하는 시스템을 갖

● ○ ○

1. 시장을 세분화한 후, 고객 집단을 목표 시장으로 선정하는 마케팅 전략 과정을 의미한다.

추고 고객과 시장, 그리고 브랜드에 대한 이해를 바탕으로 통합적 플랫폼화를 전개하는 것이 매우 중요하다. 이러한 과정에서 조직을 둘러싼 여러 이해관계자와 특별히 고객에게 가치와 만족을 제공하기 위해 새로운 변화를 지향하고자 한다면, 당신과 당신의 조직은 이미 플랫포머가 되기 위한 기본 준비가 되어 있는 것이다.

하루가 다르게 급변하는 지금 이 시대는 플랫폼을 가진 자와 갖지 못한 자로 구분된다. 이제 기존 정형화된 방식의 진부함에서 벗어나 플랫폼을 활용해 시장을 형성하고 고객이 원하는 가치를 제안해보자.

조직 내외로 고객의 가치를 전달하며 그들을 만족시키고 싶다면 당신과 당신의 조직은 이미 플랫포머로서 조건을 갖추었다고 볼 수 있다. 플랫포머 시대에는 급변하는 환경에 적응하려면, 진부함과 희망이라는 모호함에서 벗어나 플랫폼화된 조직으로 탈바꿈하기 위해 구체적으로 혁신해야 한다.

이 책을 읽으며 느끼고 경험하게 될 플랫폼의 진정한 가치를 함께하는 구성원들과 공유하여 개인과 조직이 플랫포머로 발전할 수 있기를 진심으로 기원한다.

김성겸

1장

플랫포머의
등장

1

플랫폼과 플랫포머

플랫폼(Platform)이란 원래 기차역의 승강장을 뜻한다. 무궁화호, 누리로, ITX, KTX 등 다양한 차량이 승강장에 들어서면(공급) 목적지까지 가려는 고객(수요)은 열차에 몸을 싣는다. 플랫폼의 이런 의미가 정보통신기술의 급속한 발달과 함께 비즈니스 산업으로 확대되어, 공급자와 수요자가 얻고자 하는 가치를 교환할 수 있도록 구축된 환경을 가리키게 되었다.

흔히 플랫폼을 생태계라고 표현하는데, 이는 참여자들끼리 연결되어 서로 가치와 혜택을 주고받는 거래와 소통의 관계를 맺기 때문이다.

그렇다면 이러한 생태계에서 어떻게 살아남을 수 있을까? 비즈니스에서 여러 사용자 또는 조직 간에 관계와 거래를 맺는 먹이

사슬 구조에서는 과거와 달리 각자가 가진 자원을 개방하는 것이 생존 비결이다. 역설적이게도, 플랫폼 안에서는 많이 공유할수록 수요가 늘어난다.

수익 구조는 제쳐두고라도, 오늘날까지 승승장구하는 플랫폼 사업자들의 공통점은 고객들이 자유롭게 모여 서로 새로운 가치를 주고받는, 즉 참여자들끼리의 거래 형성에 초점을 둠으로써 고객 유치에 성공하였다는 것이다.

플랫폼은 참여자가 많아질수록 도미노 효과가 있다. 도미노 효과는 한 사건이 유사한 사건에 영향을 미치는 효과인데, 플랫폼에서의 도미노 효과는 한 산업 부문에서 다른 산업 부문으로 퍼져나가는 경제적 파급효과를 의미한다. 이러한 플랫폼 도미노 효과의 파급성은 두 가지 네트워크 원리에 그 뿌리를 두고 있다.

첫째, 무어의 법칙(Moore's Law)[2]이다. 무어는 1975년 기고를 통해 컴퓨터 처리 능력이 대략 2년마다 2배씩 증가할 것이라고 말하였다. 컴퓨터의 성능 향상이 디지털 도구의 교체로 이어진다는 것을 예견한 법칙이다. 그리고 오늘날 기계학습과 클라우드 컴퓨팅, 플랫폼의 발전은 이러한 경향이 두드러진다고 할 수 있다.

● ○ ○
2. 인텔의 공동 설립자인 고든 무어가 1965년에 만든 이론이다. 무어의 법칙은 반도체 집적회로의 성능이 2년(24개월)마다 2배로 증가한다는 법칙이다. 경험적인 관찰에 바탕을 두고 있다.

둘째, 메트칼프의 법칙(Metcalfe's Law)[3]인데, 네트워크 효과로 노드(Node), 즉 연결 지점 또는 사용자 수에 따라 네트워크의 가치가 증가한다는 것이다. 플랫폼에서는 트래픽이 더 많은 트래픽을 발생시키고, 특정 노드가 더 많이 사용됨에 따라 네트워크의 중요성은 더욱 커진다. 오늘날 대부분의 플랫폼이 사용하는 디지털 기술은 거의 0에 가까운 한계비용[4]으로 정보의 공유를 가능하게 하며, 플랫포머에 의해 디지털 네트워크와 콘텐츠 전략에 대한 수요가 급속히 확산되고 있다.

그렇다면 플랫포머란 누구인가? 플랫포머(Platformer)는 가치를 교환할 수 있도록 구조화된 환경에서 플랫폼에 참여한 주체를 움직이는 개인 또는 조직이라고 정의한다. 여기서 개인은 전략가를 뜻하고, 조직은 목표 달성과 긴밀하게 연결되어 전략적 기능을 가진 전략 조직을 의미한다. 즉, 플랫폼이라는 개념이 없던 시절부터 가치를 교환하고 사람들과 교류하는 개인 또는 조직이 플랫포머다.

현 시대의 바람직한 플랫포머는 콘텐츠를 가치화하여 참여자와 함께 공유하는 것을 즐겁게 받아들이는 것이다. 플랫포머는

● ○ ○

3. 미국의 전기 공학자이자 스리콤(3com) 사의 창립자인 로버트 메트칼프가 고안한 것으로, 네트워크의 가치가 이용자 수의 제곱에 비례한다는 법칙이다.
4. 물건이나 서비스 한 단위를 추가 생산할 때 필요한 비용의 증가분을 의미한다.

한 가지 산업에만 국한되지 않는다. 4차 산업혁명으로 불리는 이른바 '초연결을 기반으로 한 지능화의 혁명'은 대한민국뿐만 아니라 전 세계 모든 기업과 조직에 적용된다. 5G 인프라를 기반으로 인공지능, 빅데이터, 사물인터넷(IoT) 기술이 어우러지는 기술 융합의 시대가 이미 시작되었다.

플랫포머 시대가 시작된 이래, 전 세계적으로 디지털 패권은 누가 표준과 플랫폼을 차지하느냐에 따라 결정될 것이다. 플랫포머가 전기, 전자, 통신, 전력, 에너지, 자동차, 엔터테인먼트 등의 주요 산업의 동향을 리드하는 길이 플랫폼에 달려 있는 것이다.

'레트로'라는 감성에 힘입어 다시 부각되고 있는 라디오를 활용한 플랫포머 사례가 있다. 라디오를 쌍방향 소통 무기로 재탄생시킨 '스푼'이다. 스푼은 총 20여 개 국가에서 월 300만 명이 청취하는 플랫폼 서비스로, 모바일로 일반인 DJ들의 방송을 선택하여 듣는 것이다. DJ들은 본인의 일상을 공유하거나, 음악을 틀어주거나, 청취자가 공감할 만한 글귀를 읽어준다. 댓글을 통해 실시간으로 DJ와 채팅할 수도 있다. 플랫폼의 전환으로 어제의 청취자가 오늘은 직접 방송을 진행하는 DJ가 될 수 있다.

이처럼 스푼은 청취자와 DJ들의 중간 매개체로서 양방향 소통의 플랫포머가 되었다. 유튜브와 같은 영상 플랫폼이 활황인 가운데, 실시간 라디오 방송 콘셉트의 오디오 콘텐츠도 가파른 성장세를 이어가고 있다. 스푼은 2016년 3월에 출시된 이후 2020년 8월에는 기준 국내외 다운로드 2,000만 명을 넘어섰다. 처음에는 배터리 공유 서비스로 시작하였지만, 사업이 실패한 후 '힘든 이야기를 툭 터놓고 말할 수 있는 공간을 만들자'는 취지로 Z세대[5]의 취향에 맞춰서 서비스를 발전시켜나갔다.

이런 서비스는 누구나 쉽게 소비하고 생산할 수 있는 것이 장점이다. 이처럼 낮은 진입장벽은 물론 얼굴 노출 부담까지 없어서, 스마트폰 하나만 있으면 누구나 DJ가 될 수 있다. 스푼은 라디오를 향유한 세대가 아니라 콘텐츠를 스마트폰으로 소비하며 자란 Z세대를 적극적으로 공략했다. 콘텐츠를 소비할 뿐 아니라 콘텐츠를 직접 양산하며, 이를 통해 적극적인 홍보 효과를 누리기 위한 전략이었다.

그렇다면 플랫포머 스푼의 수익 모델은 어떨까? 주요한 수익구조는 후원형 아이템을 통한 매출이다. 2019년 매출은 486억 원을 기록했다. 플랫폼 내에서 청취자들이 DJ를 후원하는 아이템을 구매하여 매출을 올리는데, 광고가 없는 점이 주목할 만하다. 스푼의 생방송 구조의 강점은 아이템을 구매했을 때 DJ의 리액션

● ○ ○

5. 1990년대 중반에서 2000년대 중반까지 출생한 세대로, 플랫폼을 친숙하게 느끼는 특성이 있을 뿐만 아니라 디지털 감성과 온라인을 활용한 콘텐츠의 수요자이자 공급자다.

이다. 돈을 내면 돌아오는 소통형 반응이 있는 것이다.

이처럼 사람의 감정을 연결해주는 라디오의 특성은 갖추되 이를 플랫폼의 형태로 구현한 것이다. 핵심 비즈니스를 고객과 소통할 수 있는 플랫폼으로 전환하면, 당신과 당신의 조직은 플랫포머가 된다.

2

플랫포머로의 변화

세계적인 경영학자 짐 콜린스는 《좋은 기업을 넘어 위대한 기업으로》를 이렇게 시작한다. "좋은 것은 위대한 것의 적이다(Good is the enemy of great)." 이어서 그는 이렇게 말한다. "위대한 삶을 사는 사람은 아주 드물다. 대개의 경우 좋은 삶에 안주하기 때문이다. 대다수의 회사는 결코 위대해지지 않는다. 바로 대부분의 회사가 제법 좋기 때문이다. 그리고 그것이 바로 그들의 주된 문제점이다."

좋은 것은 위대한 것의 적이다. 현재의 수준에 만족하며 그동안 영위해오던 개인의 삶과 조직의 형태를 유지하는 것은 더 높은 곳으로의 도약을 방해하는 장애물이다. 그러므로 혁신이 필요하다. 그 방법이 바로 플랫포머가 되는 것이다. 현재 살아 있는 개인과 조직이 미래에도 생존하기 위해서는 좋은 것에 안주하지 않고 변화해야 한다.

개인 플랫포머가 된다는 것은 플랫폼 기업으로 이직하거나 지금 당장 하고 있는 일을 플랫폼 사업으로 바꾸는 것을 뜻하지 않는다. 개인은 비즈니스를 플랫폼화할 때 기업과는 다른 전략적 접근이 필요하다.

서두에서 언급한 사진을 모르는 스냅 사진 사업가를 기억하는가? 그는 원래 평범한 직장에서 행정 업무를 했다. 하지만 턱없이 적은 월급으로 생계를 고민하다가 전문가와 이를 찾는 사람들을 연결하는 교량 역할에 뛰어들었다. 그는 현재 직장을 그만두고 사업에 전념해야 할 만큼 바쁜 하루를 보내면서, 이전과는 비교할 수 없는 큰 수익을 거두며 행복한 플랫포머의 나날을 보내고 있다.

이처럼 개인 플랫포머는 플랫폼 구조와 콘셉트에 대한 아이디어를 바탕으로 재화를 증식시켜줄 사업 아이템을 만들 수 있다. 더 나아가 디지털 기술을 활용한 문제 해결 역량을 갖춘다면, 이 세상을 바라보는 관점이 달라질 것이다.

당신이 불편을 느끼는 곳에 플랫폼이 들어선다면 어떤 효과를 기대할 수 있을까? 또한 하나의 플랫폼으로 복잡한 구조로 얽혀 있는 업무를 단순화할 수 있지 않을까? 이를테면, 잘 알고 있는 분야에서 나의 강점을 활용하여 업무의 형태를 단순화시키는 것이 목표가 될 수도 있겠다. 중요한 것은 플랫폼 역할을 통해 어떤 문제를 해결할 수 있는지 고민하는 것이다. 이를 통해 참여자들에게 그들이 원하는 가치를 전달할 수 있어야 한다.

강원도 양양은 현재 서핑 명소로 자리 잡았다. 양양 해변을 2030세대들로 가득 채우게 한 비즈니스는 '서피비치' 박준규 대표의 역할이 컸다. 서피비치는 과거 군사제한구역을 서핑 전용 해변으로 새롭게 탈바꿈시킨 스타트업으로 서핑을 찾는 사람들과 장비 대여 서비스를 제공하는 업체, 서핑 강습을 하는 전문 강사, 펍&라운지 운영부터 광고 사업까지 다양한 공간과 기능을 제공하는 오프라인 플랫폼 공간으로 성장하고 있다.

2018년 강원도 속초의 한 폐조선소를 문화 공간으로 조성한 '칠성조선소'도 마찬가지다. 최윤성 대표는 공장 내부에 미술 작품을 전시하고 커피와 휴식 공간을 조성하여 관광객이 즐길 수 있는 공간으로 탈바꿈시켰다. 이렇게 변화된 조선소 건물에서 뮤직 페스티벌과 단편영화제를 여는 등 지역 관광객 유치에도 크게 기여하고 있다.

이는 플랫포머의 특징 중 하나로, 스토리가 가미된 문화형 플랫폼은 고객을 비롯한 참여자의 마음을 움직이는 소구력이 있다.

이렇게 참여 주체의 감성을 자극하는 또 하나의 비즈니스가 있다. 김하원 대표가 운영하는 '해녀의 부엌'이 그곳이다. 해녀의 부엌은 공연과 요리를 한데 모으기 위해 수산물 시장을 개조했다. 식사를 하면서 해녀의 삶을 다룬 연극을 보고 해녀와 소통할 수 있는 자리를 구성하여, 찾는 이들에게 신선한 감동을 주고 있다.

오프라인 공간을 잘 활용하면 비즈니스로 연계하는 플랫포머가 될 수 있다. 오프라인에서 플랫포머는 개인과 조직뿐만 아니라 지역 사회에도 이바지하여, 오랫동안 방치된 폐건물과 공간을 변화시키고 지역의 상권을 확장시키는 효과가 있다. 이를 통해 지역 특산물의 판로를 확보하는 동시에, 귀촌을 원하는 청년들에게 일자리를 제공하면서 지역 경제에 다방면으로 활력을 불어넣는다.

지금 '내가 이런 일을 할 수 있을까? 평범한 직장인인데' 하며 망설이는 사람도 있을 것이다. 그러나 플랫폼과 관련된 이 시대의 트렌드는 결코 먼 곳에 있지 않다. 이제 새로운 도전의 기로에서 있다면, 당신의 과제는 문제와 지속적인 해결책을 위해 어떤 플랫포머가 될지 결정하는 것이다.

작은 아이디어로 시작된 플랫폼 콘셉트가 참여하는 여러 사람에게 더 나은 가치를 제공하고, 서로의 문제를 함께 해결할 수 있도록 연결하며, 또 다른 새로운 플랫폼을 창조할 수 있다면 얼마나 아름다운가. 이러한 가치 실현의 의미를 곧 발견하길 바란다.

판을 움직이는 플랫포머

플랫폼 기반의 회사들은 사용자들에게 실질적인 가치를 제공하며 세계 경제와 시장을 지배하고 있다. 이들은 기존의 제품이나 서비스와 전통적인 방식으로 경쟁하지 않고, 이미 구축된 네트워크 환경에서 다른 산업으로 새롭게 진입하고 구조를 재설계한다. 플랫포머는 주사위를 굴리는 것이 아니라 판을 움직이며 사업을 확장해가는 것이다.

글로벌 경제는 디지털 플랫폼 기업들을 주축으로 통합되어 소수의 플랫폼 기업이 시장의 이윤을 독식하고 있다. 역설적으로, 플랫포머가 내놓은 소비자들을 위한 기술이 시장의 독점화를 초래한 것이다.

구글(Google)은 플랫폼 비즈니스의 대표적인 기업이다. 최근 안

드로이드 기술과 관련하여 병목현상을 일으킨다는 지적을 받고 있지만, 정보 데이터 수집 흐름에서도 영향력을 행사하는 디지털 슈퍼 파워 기업이다. 구글은 투입된 생산요소가 늘어나면 산출량이 기하급수적으로 증가하는 수확체증의 법칙을 플랫폼에 활용하고 있다. 예를 들어 유튜브라는 비디오 플랫폼을 통해 막강한 투자를 유치하며, 전통적인 비디오 시장은 물론 최근의 쇼트 비디오 시장까지 타의 추종을 불허할 만큼 플랫폼 시장을 장악하고 있다.

플랫포머가 되기 위해 필요한 것은 무엇일까? 바로 콘텐츠다. 콘텐츠는 개인과 조직의 수익과 연결되며, 콘텐츠의 품질에 따라 그 생명력 또한 결정된다. 사전적인 정의로 콘텐츠는 스토리가 있는 내용물이다. 플랫포머 시대에는 온라인상의 디지털 콘텐츠로, 글, 사진, 동영상, 음악, 게임 등을 의미한다.

무엇보다 중요한 것은 '오리지널(Original)'로 대변되는 나만의 콘텐츠가 있느냐는 것이다. 거인 골리앗과 싸우기 위해서는 나만의 물맷돌이 꼭 필요한 것처럼, 플랫폼이라는 전쟁터에 나갈 때 우선 장착하고 있어야 할 것이 바로 콘텐츠다.

개인의 개별적인 콘텐츠도 중요하지만, 특히 어떤 콘텐츠를 이용하고자 할 때 가장 먼저 생각나는 플랫폼은 과연 무엇인지 떠올려보라. 예를 들어 멋진 사진을 찍었고 이를 소셜 미디어에 공유하려 할 때, 페이스북이 떠오르는가, 아니면 인스타그램이 떠오르는가? 개인의 취향에 따라 다르겠지만, 이용자의 브랜드 연상에서 1순위를 차지하기 위해 치열한 경쟁이 일어나고 있다.

| 그림 1 | 페이스북과 인스타그램

출처 : 페이스북, 인스타그램

페이스북은 이미 소셜 미디어계의 선도 플랫폼으로 정평이 나 있지만, 이를 이용하는 사람들의 연령 또한 높아지고 있다. 그래서 페이스북은 점점 어르신들의 일기장이 되어가는 느낌이 든다. 소셜 미디어 자체가 유행에 민감한 면도 있지만, 텍스트에서 사진과 영상으로 변해가는 시기에 수많은 광고와 다양한 기능을 가진 구조는 오히려 시장 흐름에 적절히 대응하기가 힘겹게 느껴진다.

반면 인스타그램은 사용자의 90%가 밀레니얼 세대 이하로, 젊은 층을 겨냥한 소셜 미디어로 부상하였다. 그리고 일상생활과 관련한 검색에서는 확실히 압도적인 우위를 차지하고 있어서 젊은 이용자들은 인스타그램을 먼저 떠올리는 것이다.

따라서 기업은 보유하고 있는 자원이 무엇인지, 어떻게 기능하는지 면밀하게 분석해야 한다. 기업의 유형 자원은 경제적인 가치가 있는 가시적인 물질 자원을 말한다. 이러한 유형 자원에는 인적 자원이 포함된다. 기업의 입장에서는 고객을 확보하고 자사만의 콘텐츠를 양산하여 전파하는 것이 중요하다.

하지만 플랫폼 비즈니스를 운영하며 절대 간과해서는 안 될 점이 있다면, 내부적으로 직원들에게 그들의 일이 얼마나 가치 있는지 알려주는 것이다. 회사의 목적과 개인의 직무 가치를 연결시키고 이를 주기적으로 이해시킬 필요가 있다. 그리고 플랫폼에 담겨 있는 고유한 문화와 기업 정신은 함께 일하는 직원들을 통해 참여자에게도 전달된다.

이렇듯 조직 목표에 대한 직원 인스피리트(Inspirit)[6] 과정은 궁극적으로 플랫폼 비즈니스를 잘 운영하도록 근원적 힘을 기르기 위한 것이다. 외부 고객을 잃지 않는 것은 내부 고객, 즉 인적 자원을 잃지 않는 것과 일맥상통한다.

콘텐츠 자원은 플랫폼을 통해 제공되는 각종 정보나 그 내용물

● ○ ●

6. 조직 구성원의 활기와 기운을 북돋우는 동기 부여를 의미한다.

의 비가시적 자원이다. 콘텐츠 자원은 기업의 핵심 기술, 이미지, 노하우 등을 포함하며, 기업 우위 경쟁의 주요한 원천이 된다. 그런데 많은 기업들이 콘텐츠 자원의 가치를 유형 자원에 비해 소홀히 하는 경향이 있다.

플랫폼 비즈니스를 위해서는 콘텐츠 자원을 극대화하는 전략이 필요하며 기업 전체의 비즈니스 프로세스에 드는 비용을 예측하고 배분하여 각각의 프로세스에 의해 발생한 가치를 결정한다. 그리고 프로세스마다 전략의 기능들이 효율성 측면에서 최적화되어 운용되고 있는지 검증한다. 즉, 가치사슬 분석을 통해 가치 활동의 단계마다 연관된 부가가치와 핵심 활동이 무엇인지 규명하는 것이다.

이때 콘텐츠 자원의 강점과 약점, 차별화 요소 등을 분석하고 경쟁 우위를 구축하기 위해 필요한 도구가 바로 플랫폼이다. 플랫폼에서 고객들이 만족하며 이용할 수 있는 비즈니스 고유의 콘텐츠와 전략은 무엇일지 함께 고민해보도록 하자.

4

플랫폼 비즈니스 전략

플랫포머의 전략은 기업 차원에서 경제적 가치를 공유하고 위험을 관리하는 것이다. 하지만 무엇보다도 플랫폼 경제체제에서 기업들이 경쟁력을 유지하기 위한 핵심 사업을 혁신하고 새로운 수익 기회를 지속적으로 개발하는 일이 중요하다. 플랫폼 기업이 경제 생태계에 기여하고 사회를 안정시킬 수 있는 구체적인 전략을 적극적으로 실행함으로써, 장기적으로 플랫폼 네트워크 선순환 구조를 마련하는 것이 경제 생태계를 발전시키는 본원적 전략이다.

세부적으로 플랫폼 비즈니스 전략은 조직이 갖고 있는 자원을 플랫폼화해야 한다. 플랫폼 비즈니스는 단순히 플랫폼을 활용해서 사업을 운영하는 데 그치지 않고, 급변하는 공급과 수요에 신속하게 대응해야 한다.

한편, 플랫폼을 보유한 기업은 산업 내에서 비즈니스 파트너 또는 참여자들의 가치사슬과 연결되어 서로에게 필요한 가치를 공유하고 동기화시킬 수 있는 장점이 있다. 이를 통해 기업의 제품이나 서비스에 가치가 부여되며 공급자, 유통업자, 고객이 플랫폼 안에서 연결된다. 이처럼 기업들이 가치 파트너와 효율적으로 협력함으로써 산업 수준에서 경쟁력을 강화하는 네트워킹이 가능하다.

플랫폼 비즈니스를 효과적으로 실행하려면, 다음과 같은 4단계를 거쳐야 한다.

1단계는 모든 고객과 정보를 교환하는 것이다. 많은 기업의 경우, 데이터를 확보하기가 어렵다. 그러나 실시간 데이터는 기계학습의 기초가 되는 피드백을 만드는 데 필수적이다. 데이터 중심화를 추구하는 대부분의 기업은 인과 모델을 만들기 위해 정보를 수집하고 분석한다. 그런 다음 실질적인 플랫폼 사업을 운영하면서 네트워크 구성원들과의 상호작용을 통해 생성된 모든 정보를 확보하고 알고리즘이 어떤 데이터와 관련되는지 파악한다.

2단계는 모든 활동에 소프트웨어를 활용하는 것이다. 플랫폼 비즈니스에서는 지식 관리 및 고객 관계, 의사결정뿐만 아니라 모든 활동이 소프트웨어로 구성되고 자동화되어야 한다. 그리고 자동화된 프로세스의 소프트웨어끼리 연결되어 하나의 시스템으로 기능하고 통제하며 조정하도록 한다. 소프트웨어를 활용하면 신속하게 오류에 대응하고 효과적으로 보안 요소를 강화할 수 있다.

3단계는 데이터를 상호 연결하는 것이다. 다수의 참여자들이 연결되어 있는 플랫폼에서는 다소 복잡한 조정이 필요하다. 예를 들어, 쇼핑 추천 엔진을 활용하는 플랫폼은 판매자의 재고 관리 시스템과 다양한 소셜 미디어의 소비자들과 협력할 필요가 있다. 또한 거래 시스템은 할인 혜택과 물류 네트워크와 실시간으로 연동되어야 한다.

이러한 복잡함을 간소화하는 것이 애플리케이션 프로그래밍 인터페이스(API)다. API는 플랫폼 전반에 걸쳐 데이터에 접근하고 전송하는 기능을 담당하며 외부 데이터를 끌어올 수 있다. 서로 다른 소프트웨어 시스템을 온라인상에서 조율할 수 있게 해주는 도구로, 모든 데이터를 확보하고 이를 알고리즘으로 연결하고 다루어야 하는 기술적 부담을 해소해준다.

마지막으로 4단계는 알고리즘을 적용하는 것이다. 한 기업이 온라인에서 모든 업무를 수행하게 되면, 엄청난 양의 데이터를 처리하게 될 것이다. 데이터를 해석하고 이용하기 위해서는 최종적으로 기업이 목표로 하는 서비스 모델을 명확하게 구현하는 알고리즘을 만들어야 한다.

하지만 조직의 플랫폼 비즈니스를 실행하기 위해서는 리더의 역할이 무엇보다 중요하다. 리더의 사전적 의미는 조직이나 단체 따위에서 전체를 이끌어가는 위치에 있는 사람이다. 우리의 조직을 어느 방향으로 이끌어갈 것인지 정할 수 있는 의사결정권자가 바로 리더인 것이다. 리더의 결정이 없으면 플랫폼 조직으로 변화할 수 없다. 혁신의 필요성도, 이를 추진할 동력도 얻지 못한다. 그러므로 리더가 된다는 것은 조직원에게 목표를 제시하고, 리더십을 발휘하여 플랫폼 비즈니스를 실행하는 것이다.

플랫폼 비즈니스를 실행하는 과정에서는 조직의 내실을 단단히 다질 필요가 있다. 성공으로 나아가기 위해 조직원들에게 자발적이고 적극적인 참여를 유도하는 것이다. 그러나 전통적인 지휘 통제 수단에 의해서가 아니라, 직원 스스로 동기를 부여할 수 있도록 적절한 보상을 제공할 필요가 있다. 조직원을 파트너로 여기고 이들의 진정한 동기를 파악하여 이를 더욱 증진시킬 수 있도록 보상 요소를 제공하는 것이다.

기업의 리더는 최적화된 서비스를 제공하기 위해 네트워크를 구성하는 직원, 파트너 및 고객에게 기업의 비전을 적극적으로 전해야 한다. 비전은 미래의 모습과 산업의 발전 방식, 사회적·경제적·기술적 변화에 대한 대응, 회사를 실현하기 위한 구체적인 단계를 설명하는 것이어야 한다.

특히 플랫폼 리더는 노동자들이 핵심을 혁신하고 촉진할 수 있게 한다. 그리고 개선에 따른 부담을 시스템 전체에 걸쳐 자동으로 조정하고, 능률을 올리도록 한다. 따라서 리더의 가장 중요한 역할은 직원을 육성하는 것으로, 운영 효율성을 향상시키기보다는 창의성에 근거한 혁신을 일구어내도록 조직 문화를 형성하는 것이다.

또한 리더는 플랫폼이 조직의 미래에 대한 메시지를 직원들에게 전달함으로써 위기를 극복할 수 있는 새로운 종류의 콘텐츠를 더 많이 확보하도록 자극해야 한다. 위기 이후 새로운 콘텐츠에 개방적인 태도를 유지함으로써 실무진들에게 시대를 읽고 성찰하도록 하는 것이다. 무엇보다 위기 이후 전달되는 콘텐츠의 가치를 생각하고 변화의 큰 흐름을 읽기 위해서는 트렌드에 대한 자료를 모으고 분석함으로써 고객 선호도를 예측해야 한다.

위기 중에 개방형 혁신을 수행하는 새로운 방법을 수립하면 유연성은 물론 생존 능력을 키울 수 있기 때문에 전략적 통제를 아끼지 않아야 한다. 전략적 통제란 제품이나 서비스를 창출하는 과정에서 진행 상황을 탐지하고 감시하는 것을 의미한다. 시스템 활동의 전 영역을 통제하기는 실질적으로 어렵기 때문에, 시스템의 전반적인 활동 중에서 어느 과정을, 언제 측정할 것인지 결정할 필요가 있다. 따라서 조직의 영향력과 통제의 형태라는 두 가지 기준에서 중간적 역할을 수행하는 것이 주요한 기능이라고 할 수 있다.

또한 재무적 통제를 통해 조직이 이용할 수 있는 자본을 효과적으로 사용하게끔 해야 한다. 조직의 활동에 필요한 자본을 경영 계획에 의해 결정하고, 이러한 자본을 적절한 시기에 조달할 수 있는지 평가하여 통제하는 시스템을 구축해야 한다.

이때 리더십만큼이나 중요한 것이 팔로워십이다. 조직 구성원들은 리더의 기조를 이해하고 공동의 목표에 집중하며 적극적으로 업무를 수행하는 팔로워십 역량을 발휘해야 한다. 리더십과 팔로워십을 분리하고 조직의 가치를 제고하는 것은 뇌와 심장이 따로 움직이는 것과 같다. 이러한 리더십과 팔로워십은 고객이나 거래처와 같은 외부의 신뢰뿐만 아니라 플랫폼 조직 구성원과 같은 조직 내부의 신뢰도 또한 제고시키는 효과가 있다.

플랫폼은 조직의 집중도를 떨어뜨리는 요소가 있다면 이를 해결하기 위한 대안도 될 수 있다. 사내 조직원들과 소통할 수 있는 창구를 마련하기 위해 가장 쉽게 시작할 수 있는 수단이다. 한편 조직 문화를 개선할 수도 있다. ICT를 활용하여 효과적인 직원 커뮤니케이션 관리를 통해 수평적인 커뮤니케이션 참여를 독려한다. 조직 커뮤니케이션 활동으로 직원들은 자사 브랜드에 참여하고, 더욱 많은 것을 배울 수 있다.

그러기 위해서는 현재의 위치에 만족하는 습관을 버리고 기준을 높일 필요가 있다. 플랫포머로의 변화는 지금까지와는 전혀 다른 차원의 만족과 신뢰를 제공할 것이다.

당신도 판을 깔 수 있다

당신의 일상에서 느끼고 있는 불편함은 무엇인가? 이것만큼은 바뀌었으면 하는 문제점 말이다. 누구에게나 불편을 느끼는 부분, 즉 문제점이 있다. 중요한 것은 내가 느끼는 불편함을 다른 사람도 느낄 수 있다는 것이다. 이러한 공동의 문제점을 해결하기 위해 플랫폼을 구축할 수 있다. 플랫폼을 활용하면 참여 주체끼리 문제를 인식하고 공감하며 해결책을 모색하기 쉽다.

아무 일도 안 해본 사람이 사업을 할 수 없듯이, 플랫폼의 생태계를 이해하기 위해서라도 플랫폼에 들어가 참여해보자. 불편함이나 문제가 발생한 지점에서 개선할 점을 찾아보는 것이다. 그리고 이를 해결하기 위한 도구를 탐색해보자.

이는 내가 갖고 있는 기술 또는 지식일 수도 있고, 내가 갖고 있지 않다면 남이 갖고 있을 것이다. 다른 사람들의 기술과 지식이 또 다른 사람들에게 편리함을 제공하고 저마다의 문제를 해결하는 모습을 보는 것은 플랫폼의 묘미이자 플랫포머로서 보람을 느끼게 한다. 플랫포머는 이러한 과정에서 고객의 마음을 읽는 훈련을 해야 한다.

필자에게는 갓 태어난 아이가 있다. 아내가 산후조리원에서 나오면서 정부 지원을 통해 아이 돌봄 서비스를 2주간 받았지만, 이렇다 할 만족을 느끼지 못했다. 아이 돌봄 서비스를 더 이용하고 싶어서 여러 업체를 알아보는 과정에서, 우리나라에 신생아 지원 사업과 아이 돌봄 서비스 업체가 참 많다는 것을 깨닫게 되었다.

공공 부문으로 등록된 아이 돌봄 서비스 업체만 223개소가 있고 도우미 인원만 1만 2천 명이 넘는다. 민간 부문까지 합산하면 선택의 폭이 너무 넓어서 검증하기가 여간 어렵지 않았다.

더욱이 기관을 선택한다고 해도 어떤 도우미가 올지 모른다. 얼굴도 모른 채 기관에서 알선해주는 도우미의 전화 목소리와 억양만으로 판단하는 데는 무리가 있다. 물론, 직접 대면해서 도우미의 성향을 보고 계속 서비스를 이용할지, 아니면 다른 사람으로 바꿀지 결정할 수 있지만, 이 역시 쉬운 일만은 아니었다.

그렇게 여러 서비스를 알아보다가 '맘시터'라는 플랫폼을 발

| 그림 2 | 아이 돌봄 플랫폼, 맘시터

대한민국 No.1 아이돌봄연결플랫폼

출처 : 맘시터

견했다. 맘시터는 산후도우미를 비롯한 아이돌보미를 찾는 이
들과 아이 돌봄 일자리를 찾는 이들을 연결해주는 플랫폼이다.
2016년 9월 서비스 론칭 이후, 2020년 상반기에 20만 명의 신규
가입자를 확보하고 전년 대비 매출 규모가 2배나 성장했다는 뉴
스를 보니 신뢰감이 들었다. 또 하나의 플랫포머를 발견한 것이
반갑기까지 했다.

무엇보다 도우미의 신원 보증을 위한 검증 절차와 후기 작성을
통한 피드백을 볼 수 있고, 이용자가 직접 도우미와 기간을 선택
할 수 있는 맞춤형 구조가 마음에 들었다.

맘시터는 다른 산후조리나 아이 돌봄 서비스와는 달리 전국적

으로 이용이 가능하다. 또한 도우미와 인터뷰할 수 있는 이용권을 구매하는 방식이라 돌봄 서비스를 이용할 때 도우미에게 지급하는 수수료가 따로 없어서, 이용하는 고객 입장에서는 경제적 부담도 덜 수 있는 장점이 있다.

도우미도 일정상 중간에 기간이 뜨거나 주말에도 일이 가능한 경우, 특정 날짜 또는 기간을 설정하여 일거리를 구할 수 있었다. 초기에 이용권을 구매하거나 아이돌보미 회원이 인력 풀에 등록하기 위해 일정 비용을 지불하는 것이 플랫폼 수익 모델이다.

맞벌이 부부들이 겪고 있는 아이 돌봄에 대한 고민을 해결하고 산후도우미를 비롯한 아이돌보미 채용에 관련된 문제를 개선하기 위해 론칭된 맘시터 서비스처럼, 생활 속 문제를 해결하고 여러 사람에게 공감을 얻으며 도움이 될 수 있는 플랫폼은 무엇일지 상상해보자.

2장

코로나와
플랫폼

1

위기가 불러온 변화

"역사상 가장 많은 사람을 죽인 살인마는? 답은 두창(천연두)균이다. 지구상에 인류가 출현한 이래 세균과 바이러스는 인간의 생명을 위협하는 최대의 적이었고, 인류 역사 대부분의 기간 동안 인간은 그들에게 속수무책으로 당할 수밖에 없었다. 인간이 세균과 바이러스를 통제할 수 있는 대상으로 여기기 시작한 것은 고작 200여 년 전부터다. 우리나라에서 처음 사용된 백신은 1879년 겨울 지석영이 충북 덕산에서 처조카들에게 놓은 우두다. 이때까지, 아니 이 뒤로도 한동안 두창에 대처하는 방법은 마마귀신에게 제발 살려만 달라고 비는 것뿐이었다. 우두는 두창균을 전멸시켰을 뿐 아니라 전염병에 대한 무지도 격퇴했으나, 모든 전염병이 두창균처럼 호락호락하지는 않았다. 20세기 중반까지는 장티푸스, 콜레라, 말라리아, 뇌염 등이 수시로 침습하여 매년 수천 명에서 수만 명에 달하는 인명을 앗아갔다. 세균과 바이러스의 활동을 억제할 수 있는 백신들이 차례차례 개발되자, 백신은 옛날 무당보다 훨씬 강력한 권위를 행사했다. 태평양전쟁 때부터 우리나라 전쟁 직후까지 '예방접종 증명서'는 통행 허가증이자 사실상의 신분증으로 통용되었다. 이후에도 1970년대까지는 학교, 군대, 직장 등에서 의무적인 단체 접종이 시행되었다. 주사기 한 대로 여러 사람에게 접종하는 과정에서 확산된 간염은 치명적인 전염병에 비하면 '새 발의 피' 정도로 간주되었다. 이제 전염병으로 인한 사망자는 통계학적으로 무의미한 수치로까지 줄어들었지만, 아직 유효한 백신을 만들지 못한 세균과 바이러스에 대한 공포는 여전하다. 조류독감, 신종 플루, 에볼라 바이러스 등은 그들의 실질적인 살상력 이상으로 사람들의 의식과 행동에 큰 영향을 미친다. 태어나서 1년 안에 열 차례 정도 백신을 맞고 자라온 현대인들에게 '백신 없음'은 총탄이 빗발치는 전쟁터에서 방탄복도 입지 못한 채 서 있는 듯한 느낌을 주는 공포 그 자체다."

2014년, 〈한겨레신문〉에 전우용 역사학자가 기고한 칼럼이다. '백신'이라는 제목으로 팬데믹으로 인해 열상을 겪고 있는 이 시대에 경종을 울리는 글이다.

전 세계에 불어닥친 코로나19 바이러스의 장기화에 따른 전례 없는 위기는 조직에 새로운 변화의 바람을 일으켰다. 상당수의 기업이 사회적 거리두기 캠페인에 따라 비대면 재택근무로 전환하였다. 보수적인 기업 문화를 가진 조직이라도 재택근무 또는 시차출퇴근제도처럼 유연하게 일하는 방식을 자연스럽게 제도화하는 촉매제가 되었다.

학교는 개학이 연기되면서 원격 수업이 활성화되었다. 이에 따라 온라인 공개 수업 형태인 무크(Mooc)와 같은 언택트(Untact) 플랫폼은 향후 서비스 운영 방향 면에서 전략적으로 변화할 것으로 보인다. 양질의 원격 수업을 위해 줌(Zoom), 구글 미트(Meet) 등 화상 서비스를 제공하는 플랫폼은 인터페이스 개선, 보안 강화처럼 사용자 편의를 높이는 등 생존 경쟁이 날이 갈수록 가열되고 있다.

미국의 조지아 공과대학(조지아텍)은 온라인 수업이 활성화된 대표적 사례다. 해마다 교육 방식의 혁신을 꾀하는 조지아텍은 전 세계적으로 원격 수업 수강생만 1억 명이 넘고, 개설된 과목도 13,500개가 넘는다.

하지만 우리나라 대학의 온라인 개설 과목은 700여 개 정도에 불과하다. 다행히 우리나라 교원의 온라인 강의 제작과 빅데이터 활용 교습 모델을 개발하여 역량 강화 지원에 힘쓴다는 정부 계획이 발표되었다. 케이무크(K-Mooc) 한국형 온라인 공개 강좌를 활용한 강좌 개발을 확대하고, 글로벌 유명 콘텐츠를 도입하여 서비스의 질을 향상시킨다는 계획이다. 앞으로는 공공 직업 훈련의 스마트 직업 훈련 플랫폼(STEP)으로 시스템을 고도화하고 이러닝(E-learning), 가상 콘텐츠 개발을 확대함으로써 직업 훈련 교육이 더욱 활성화될 것이다.

이처럼 4차 산업혁명 시대의 기술 발달과 더불어 코로나19 바이러스 사태는 조직의 생존을 위한 새로운 비즈니스 모델 그 자체다. 기업에는 위기 상황을 타개하는 언택트 관련 사업의 방향성을 재고하는 계기가 되었다. 또한 기업 조직 전체가 단결하여 위기 극복이라는 공동의 목표를 더욱 공고히 하고 민첩하게 상황에 대처할 필요성을 인식함으로써 새로운 가치 창출을 모색하는 기회가 되기도 하였다.

흘러간 물을 주워 담지 못할 때 플랫포머는 좌절하기보다는 대걸레질을 한다. 상황을 수습하고 방어하는 것도 필요한 일이지만, 이를 활용해 새롭고 긍정적인 변화로 승화시켜 유동적으로 대응하는 것이 시대가 요구하는 플랫포머의 자세다.

2

플랫포머의 위기 대응

플랫포머는 난세의 영웅처럼 위기 상황에서 더 빛을 발한다. 플랫폼 산업 자체의 특성이기도 하지만, 상황 변화에 대응해 빠른 성과를 도출하는 조직 구조에 기반을 두기 때문이다. 이렇듯 민첩한 업무 수행과 피드백을 실시간으로 반영하여 업무 완성도를 높이는 것이 플랫폼 조직의 특징이라고 할 수 있다.

신속한 대응력을 갖춘 플랫포머가 위기에 대응하는 방안을 정리하면 다음과 같다.

첫째, 위기관리 조직을 운영하여 신속하게 대응하고 관리하기 위해 중추적으로 통제 탑 역할을 할 수 있는 팀을 조직한다. 예를 들어 TFT를 구성하여 코로나19에 따른 매출 감소에 대처함으로써 피해를 최소화하는 방안을 마련하는 것이다. 그리고 이러한 해결 방안을 다른 부서나 임직원이 자유롭게 제안할 수 있도록 사내 플랫폼 기능을 강구한다.

둘째, IT 기술과 디지털 도구를 활용하여 데이터 기반의 위협 요소를 파악한다. 이를 위해 조직 구성원과 함께 데이터를 공유하여 집단지성을 활용한 참여형 솔루션을 구축할 수 있다. 글로벌 질병의 확산 현황이라든가, 직원들이 코로나 사태에 어떻게 대응하고 노력하고 있는지를 실시간으로 소통하고 교감하는 것이다. 이러한 노력이 모여 위험에 대처하는 데이터베이스가 될 것이며, 정보를 바탕으로 비슷한 사례에 신속하게 대응할 수 있다.

셋째, 조직의 리더를 주축으로 의사소통을 활성화한다. 리더는 의사소통 창구를 만들고 메시지를 시의적절하게 바꾸어, 직원을 위기 국면에서 단결시키고 공통된 목표로 이끌어가는 역할을 할 수 있다. 이와 같이 잠재적 위험과 회사의 대응을 직원과 협력 업체 등에 지속적으로 업데이트함으로써 신뢰도 또한 제고할 수 있다.

넷째, 코로나 사태와 같은 범세계적 질병에 대해 직원의 건강을 보호하기 위한 행동 강령을 마련하고 실시한다. 이러한 조직 차원의 의지는 조직 구성원에 대한 심리적 안전망으로 기능한다. 조직 구성원이 신체적·정신적·감정적으로 안정될 수 있도록 케어(Care)하는 것이다.

유연하게 위기 상황에 대처하고 궁극적으로는 함께 일하는 직원을 위한 솔루션을 실행하는 것이 문제를 해결하는 핵심 포인트임을 기억하자. 조직 차원의 관리를 통해 전사적으로 위기 극복에 대한 의지를 높이고, 조직 구성원이 업무에 몰입하고 집중할 수 있도록 도울 수 있다.

또한 우리 사회는 위기 상황이 만들어낸 구조적 변화에 대응해야 한다. 사실 우리는 이러한 구조적 변화에 익숙하지 않다. 위기 대응을 위한 플랫폼 기업으로의 변화 자체가 낯선 것이다. 그러나 플랫폼의 가치 창출이라는 측면에서 우리 스스로 변화하고 조직을 둘러싼 새로운 상황에 반드시 대처해야 한다.

이에 대처하기 위해 더 많은 사람이 상호작용할 수 있는 플랫폼을 설계해보자. 글로벌 팬데믹과 같은 위기 상황에서 플랫폼에 참여하는 사람들 스스로가 플랫폼에서 가치를 창출할 수 있는 방법을 찾도록 말이다.

3

팬데믹 속 제조업의 발군

코로나19 바이러스로 인한 언택트 조치는 제조업 공장의 가동을 중단시켰다. 이에 따라 공급 물량에 비해 수요가 증가하는 현상이 일어났다. 포스트 코로나 때도 이와 같은 상황이 예상되는 가운데, 중국과 우리나라의 제조업 전략과 플랫폼을 비교해볼 필요가 있다.

중국은 팬데믹이 절정에 이르자, 정부 지침 아래 공장 가동을 중단했다. 하지만 공장 가동이 재개된 후로 빠른 회복세를 보이며 세계 주요국의 수출 시장 점유율을 탈환했다. 이렇게 중국 제조업의 경우 급반등 성장을 하고 있는 데 반해, 대대적인 공장 가동 중단 조치가 없었던 우리나라는 2020년 하반기 기준으로 다소 정체된 수출 점유율을 보였다. 우리나라가 글로벌 경쟁 우위에 있던 주력 산업인 반도체, 자동차, 배터리, 철강, 조선 분야에서 정체 혹은 하락하고 있는 것이다.

특별히 제조업 분야의 플랫폼 전략은 팬데믹이라는 위기를 만나 본원적인 생산 제한으로 경쟁력이 무력화되는 위기를 맞았다. 이러한 위기를 극복하기 위해 기업은 플랫폼 이용 고객을 분류하고, 사용자 정의에 따라 제품 가치를 고객에게 전달하며, 부가 서비스를 확장할 수 있는 전략을 고려해야 한다.

제조업 기반의 플랫폼을 통해 기업은 훨씬 더 밀접한 고객 관계를 개발할 수도 있다. 풍부한 플랫폼 데이터를 확보함으로써 플랫폼에 대한 구매자의 이해를 높이고, 고객마다 차별화하거나, 가격 제안 기능을 더욱 향상시킬 수 있다.

제조업 기반의 플랫폼은 더 넓은 플랫폼 시스템의 일부가 되어 기업 간의 경쟁이 늘어날 수 있다. 또한 기존 대체 플랫폼에 비해 우수한 성능, 사용자 정의와 고객 가치를 제공하여 위협을 줄이고, 산업을 성장시키면서 수익성을 개선시키는 방법으로 진입장벽을 높여갈 것이다.

이와는 또 다른 양상으로 플랫폼을 통해 유통 또는 서비스 파트너에 대한 의존도를 줄이거나 중개하여 더 많은 수익을 얻을 수도 있다.

이렇게 플랫폼의 강력한 기능은 산업 내 경쟁을 재구성한다. 그리고 한 플랫폼의 기능은 다른 관련 플랫폼과 연결되어 확장된다. 예를 들어, 트랙터, 경운기, 파종기와 같은 농기구를 통합하면 농기구 종합 장비 플랫폼으로서 그 기능이 향상될 것이다. 그러므로 제조업 기반의 플랫폼 서비스 업체는 전체 결과를 최적화하여 제품과 관련한 서비스 패키지를 다방면으로 통합하여 만들 수 있다.

플랫폼 경제가 활성화되면 미래의 자동차 산업은 어떻게 바뀔까? 자동차업계는 세계적으로 900만 개 이상의 일자리를 제공한다. 사람들이 직접 운전할 필요가 없는 미래에는 차량을 구매할 때 OS 소프트웨어와 네트워크 기능을 가장 먼저 고려할 것이다. 이에 따라 전통적인 자동차 제조업체는 변화에 대한 압박을 느끼고, 자연스럽게 플랫포머로 변모하기 위해 방법을 모색할 것이다. 기존의 자동차 제조업체 중 일부는 벌써 발 빠르게 움직여, 자사 자동차에 대한 사용료 지불 플랫폼을 구축하기 위해 자동차 공급업체와 제휴하고 있다.

GM(General Motors)은 차량 공유 서비스인 리프트(Lyft)에 투자하여 매달 자동차 구독 서비스를 제공하고 있다. 몇몇 제조업체들은 무인 차량에 대한 연구에 투자하거나 외부 제공업체와 제휴하는 등 활발한 협업이 이루어지고 있다.

이처럼 경쟁력에 필요한 규모를 갖추기 위해 한때 치열하게 경쟁을 벌이던 업체끼리도 협력할 수 있다. 물론 성공적으로 협업하려면 얼마나 헌신하느냐가 중요하다. 그러나 협업은 플랫폼끼리 경쟁하는 구조에서 벗어나 새로운 생태계를 창조하는 것이다. 여전히 많은 기업이 다양하게 차별화된 제품과 서비스를 제공하기 위해 서로 경쟁하는 상황이기 때문이다.

앞으로 많은 데이터를 확보한 플랫폼에서 저마다의 필요에 따라 데이터를 활용하기 위해 기술을 제휴할 것이고, 제조 기업들 간의 플랫폼 협업 구조로 다양한 방식을 통해 공유가 이뤄질 것이다.

현대트랜시스는 글로벌 파워 트레인 시장의 선도 기업으로 자리매김하기 위해 현대다이모스와 현대파워텍이 합병하여 탄생한 회사다. 현대다이모스가 현대자동차의 자동차 부품 계열사로서 수동 변속기와 듀얼 클러치 변속기(DCT), 자동차용 시트 등 자동차 핵심 부품을 주력으로 생산하여 경쟁력을 확보했다면, 현대파워텍은 국내 최초의 자동차 변속기 전문 기업으로서 자동차 핵심 부품인 변속기 중에서도 특히 무단 변속기를 주력으로 하여 소형에서 대형에 이르는 변속기 기술력을 보유하고 있었다.

이런 두 회사가 합병하여 전천후 변속기 워크플로(Workflow)를 갖춘 변속기 전문 기업으로 거듭났다. 두 회사의 통합은 세계 최고 수준의 파워 트레인 경쟁력을 확보했다는 의미이기도 하다.

하지만 무엇보다 지속 가능한 가치를 창출해야 생존 가능성이 높아질 것이다.

글로벌 자동차 시장의 격변기를 맞아 기존 시장이 감소하는 추세를 보이면서 시장 규모 확대가 어려워지고 있다. 전기차 시장의 급성장이 예상되면서, 한정된 자동차 시장 내에서 내연기관 자동차와 전기차 기업 간의 경쟁이 심화될 것으로 보인다. 환경 문제로 인한 글로벌 규제가 민감한 사안이 되면서, 현대자동차도 이에 맞춰 미래 방향성을 전기차 경쟁력 확보로 삼고 있다.

현대다이모스와 현대파워텍은 결합을 바탕으로 지식과 노하우를 공유하고, 신규 기술을 개발하는 데 적극적으로 투자해야 한다. 전기차 변속기 시장을 선점하는 선두주자로서 시장 지위를 확보하기 위해서는 우선 연구 개발에 자금력을 발휘해야 한다. 현대자동차의 계열사인 현대트랜시스는 내부 자재 거래처의 수직 계열화를 통해 신규 제품을 확대하기 좋다는 강점을 활용할 수 있는 전략이 필요하다.

파트너사와의 협업 시스템을 구축함으로써 경쟁력을 강화하는 플랫폼 형태로 변화해야 하고, 이를 활용하여 계속 혁신을 추구해야 할 것이다.

4

유통산업의 옴니채널

옴니채널(Omnichannel)은 '모든'을 의미하는 접두사 옴니(Omni)와 유통 경로를 뜻하는 채널(Channel)의 합성어다. 코로나19 바이러스 위기는 소비 행동에 극적인 변화를 가져왔다. 유통업체는 끊임없이 변화하는 고객 경험 요건을 충족하기 위해 옴니채널 전략을 실행하고 있다. 소비자가 웹과 모바일 등 다양한 채널을 넘나들며 제품을 구매할 수 있도록, 사용 가능한 모든 채널을 통해 서비스를 제공하는 것이다.

팬데믹은 전통적인 상점을 위축시켰고, 사회적 거리두기 캠페인으로 인해 소비자들은 온라인 서비스를 선호하게 되었다. 누구를 탓할 수도 없이, 고객 경험의 공식이 바뀌어버린 것이다. 오프라인 매장을 이용하는 고객들의 불안감이 날로 더해지는 상황에서 다시 매장으로 돌아오라고 호소해봤자, 아무리 매장 내 안전 거리를 제공하고 제품의 위생 상태를 철저히 검사하며 사전 예방에 만전을 기울이더라도 고객의 마음을 붙잡을 수 없다.

이러한 위기 상황에서 어떻게 고객과 소통할 수 있을까? 고객들은 오프라인 매장에서 온라인 매장으로 몸과 마음을 옮겼다. 온라인 이용률의 증가가 이를 대변한다. 전자상거래 거래량이 증가함에 따라 유통·물류·소매업체들은 대규모 마트 점포망과 지리적 위치를 활용해 더욱 빠르게 고객 경험을 지원할 수 있는 방향을 모색하고 있다.

코로나19 바이러스가 유통산업에 가져온 또 다른 변화는 온라인 쇼핑몰의 접속자와 고객 트래픽이 증가하면서 디지털 채널로 사업의 방향을 틀었다는 점이다. 소비자의 쇼핑 습관을 송두리째 바꾼 바이러스의 영향으로 디지털 입지를 빨리 확장해야 한다는 유통업자의 절박함이 증폭되었다. 이에 따라 기업은 발 빠르게 오프라인 매장에 대한 투자 자금을 디지털 유통 채널과 온라인 매장에 재할당함으로써 오프라인 매장의 감소 매출을 부분적으로 상쇄할 수 있었다.

조금 더 빠르게 움직인 유통업체들은 판매자와 소비자를 중개해주는 오픈마켓을 활용하는 비즈니스를 모색하여, 소비자 의도를 파악하기 위해 온라인 키워드 성능을 향상시키는 데 심혈을 기울였다.

신세계 그룹은 오프라인 매장인 백화점과 이마트, 온라인 채널인 SSG닷컴을 보유하고 있다. 대한민국의 유통업을 대표하는 굴지의 기업이지만, 온라인 소비 패러다임 전환과 코로나19 바이러스로 인해 실적의 감소를 피하지 못했다. 이러한 상황에 대한 타개책으로 신세계는 오픈마켓을 활용한 비즈니스 영역 확장을 모색하고 있다.

2020년에는 개방형 API를 쇼핑몰 통합 관리 솔루션에 최적화하는 작업을 진행하였고, 직매입인 SSG 배송은 신선 식품에 집중하고 공산품 카테고리는 입점 셀러에게 맡기는 효율적 사업 전략을 구상하고 있다. 이러한 측면에서 SSG닷컴의 오픈마켓은 기존의 플랫폼 기업도 새로운 비즈니스 모델로 플랫폼 구조를 확장할 수 있음을 보여준다. 온·오프라인 매장과 모바일 서비스를 운영하는 유통산업 조직은 소셜 채널과 콘텐츠로 쇼핑이 더욱 쉬워졌다고 홍보한다.

특히 오픈마켓은 유통 대기업들의 재고 부담을 덜고 안정적 수익 기반을 만들 수 있다는 장점으로 인해 많은 기업에서 추구하는 플랫폼 방식이다. 그뿐 아니라 판매 중개를 통해 발생하는 수수료 매출과 광고를 통해 얻는 수익이 실적 개선에도 도움이 된다. 입점 판매자가 늘면 고객들은 더 낮은 비용으로 상품을 구매할 수 있기 때문에 오픈마켓에 투자한다. 고객의 선택이 늘어나는 만큼 거래액도 자연스럽게 증가하게 된다.

온라인 스토어에서는 오프라인 매장처럼 구현함으로써 디지털 경험 전환 효과를 누릴 수 있도록 해야 한다. 이러한 효과는 새롭게 떠오르는 고객 니즈와 명확하게 일치하며, 일관된 고객 경험이 유지되도록 한다. 또한 재고 비용을 절감하고 더 나은 서비스를 제공하도록 온라인 최적화 시스템을 다시금 소비자에게 제공하면서 선순환이 이루어진다.

이처럼 옴니채널의 연장선상에 있는 오픈마켓은 고객들과 교류하고, 경험적인 콘텐츠를 공유함으로써 고객 충성도를 높이며, 매출에 기여하는 전략적 요인으로 활용될 수 있다. 코로나19와 같은 외부 상황의 변동성과 새로운 고객 행동에 적응하기 위해 내부 유통 채널을 진단하고 보완할 기회를 찾아보자.

온라인 환경의 변화 속도는 유통업체의 전략을 계속 조정하도록 압력을 가한다. 이러한 흐름은 고객에 대한 실시간 니즈를 파악하는 것뿐만 아니라 발 빠르게 새로운 운영 모델을 수정하고 보완하며 고객 편의 서비스 질을 제고하는 긍정적인 결과로 이어진다.

더 나아가 유통산업 전반에 걸쳐 포스트 코로나를 예방하고자 한다. 일종의 면역체계를 형성하는 것이다. 예를 들어 고객 센터

접수의 데이터화, 자체 사이트 리뷰, 소셜 미디어 모니터링 등 실시간으로 고객 동향을 파악할 수 있는 채널을 운영하는 것이다. 고객 경험에 근거한 데이터로 고객의 소비 성향을 분석하면 다양한 시도를 할 때 도움이 될 것이다. 더욱이 플랫폼을 활용한 새로운 비즈니스 모델을 창출하는 전략은 유통업체의 사업 방향 또한 한 단계 업그레이드하는 기회가 된다.

앞으로 다가올 위기를 맞이하여 유통 기업은 더 이상 대비만 할 수 없다. 다양하게 축적된 고객 경험 요소를 활용하여 새로운 기능의 옴니채널에서 플랫폼 전략을 실행함으로써 위기를 기회로 바꾼다면 그 진가를 발휘할 것이다.

5

배달 앱 플랫폼의 성장

코로나19 확산으로 인해 배달 수요가 증가하고 있는 가운데 배달 앱 플랫폼이 빠르게 성장하고 있다. 국내 배달 앱 시장은 언택트 문화가 활성화되기 전부터 이용자 수가 점점 늘어나고 있었다.

2013년 87만 명, 2015년 1,046만 명, 2020년에는 약 3,000만 명이 배달 앱을 이용하였다. 업계 추산으로는 약 15조 원에 달하는 음식 배달 시장에서 배달 앱이 차지하는 비중은 약 3조 원(20%)이지만, 머지않아 10조 원 이상으로 규모가 더욱 커질 것으로 예측한다.

2011년에는 '배달의민족', 2012년에는 '요기요' 등이 등장하여, 사용자의 위치를 기반으로 배달 음식점 정보를 제공하는 서비스를 제공하고 있다. 스마트폰의 보급률이 높고 스마트폰을 통한

| 그림 3 | 주요 배달 앱 브랜드

출처 : 배달의민족, 요기요, 쿠팡 이츠, 위메프오

새로운 서비스에 익숙한 우리나라 소비자에게는 편리한 플랫폼
이 탄생한 것이다.

한편, 배달 플랫폼 시장에 후발주자로 진입한 쿠팡이츠가 자본
을 공격적으로 운용하며 빠른 성장세를 이어가고 있다. 여기에
위메프오 또한 국내 배달 플랫폼에 진출하여 음식 배달 서비스
경쟁에 가세하였다. 위메프오는 낮은 수수료 모델인 일명 '착한
배달'로 가맹업체를 모집하고 있다.

사실 우리나라는 인구 밀도가 높은 나라다. 안 그래도 음식 배
달이 활성화된 외식 문화였는데, 배달에 특화된 인구 밀도와 배
달 음식을 선호하는 문화가 이런 성장에 한몫하였다. 먹방과 함
께 1인 가구의 증가로 인해 혼밥, 혼술, 외식 트렌드까지 확산되
면서 편리하게 주문이 가능한 배달 플랫폼은 점점 더 폭발적으
로 성장하게 된 것이다. 배달의민족, 요기요, 배달통과 같은 선발

주자와 쿠팡이츠, 위메프오 등과 같은 후발주자의 경쟁으로 음식 배달 채널은 더욱 확대될 것으로 보인다.

또한 데이터 기반의 기술이 개발되면서 고객에게는 더 쉽고 편리한 방식으로 다양한 편의 서비스가 제공될 것이다. 이를테면 '오늘 비도 오는데 빈대떡과 파전 어때요?'라며 음식을 제안하거나, 맞춤형 큐레이션으로 추천 메뉴를 서비스하는 인공지능 추천 서비스로 발전해나갈 가능성도 있다.

오늘날 해가 갈수록 발전하는 기술은 비즈니스 혁신의 필요성을 더욱 절감하게 한다. 비즈니스 프로세스 과정에서의 딥 러닝 (Deep learning)[7] 등 기계학습을 위해서는 고객 데이터를 잘 축적해야 한다. 플랫폼 비즈니스의 가장 중요한 목표는 각 고객에게 맞춤 서비스를 제공하는 것이기 때문이다.

소비자는 다양한 업체의 여러 서비스 중에서 어디서 원하는 것을 쉽게 얻을 수 있는지 항상 고민한다. 맛집을 찾듯이, 배달 주문할 때도 고객의 니즈를 충족시키는 인터페이스를 가진 플랫폼을 찾기 마련이다. 보통 지표로 산정하는 고객 체류 시간이나 방문 전환율 등은 서비스가 고객 중심 구조로 최적화되면 자연스럽

● ○ ○

7. 많은 데이터를 분류해서 같은 집합들끼리 묶고 상하 관계를 파악하는 기술로, 기계학습의 한 분야다. 컴퓨터가 반복 학습을 통해 배울 수 있도록 하는 기술을 뜻한다.

게 따라오는 수치일 뿐이다. 기업이 고객 데이터를 활용할 때 중요한 시사점은 혁신적인 기술이 아니라 본원적인 고객 가치에 집중하는 것임을 기억하자.

3장

미디어 플랫폼 활용

1

OTT 정상을 넘어서다

2008년 말 KBS에서 방영한 〈그들이 사는 세상〉이라는 드라마는 방송업계에 종사하는 사람들의 애환을 잘 녹여내면서 마니아 층까지 확보했다. 드라마를 만드는 전 과정을 보여줌으로써 미지의 세계였던 방송국을 엿볼 수 있었고 볼거리를 제공했다. 무엇보다 '방송쟁이'라는 부정적인 평가를 긍정적으로 변화시키는 계기가 되지 않았나 싶다. 현재, 그들 앞에 펼쳐진 미디어 플랫폼이라는 새로운 세상에서의 도전은 현재진행형이다.

미디어 산업은 외주 제작업체, 개인 크리에이터들의 진입으로 내부 경쟁자가 많아져 경쟁 강도가 매우 높아지고 있다. 또한 고객의 욕구가 변화함에 따라 방송 구조 또한 체질을 개선할 필요가 있다. 예를 들어 유튜브, 아프리카TV와 같은 크리에이터 중심의 플랫폼으로 채널을 확장하고 차별화된 콘텐츠 경쟁력을 확보할 수 있도록 구조적인 환경 분석이 필요하다.

미디어 산업의 환경은 일반적으로 정책·경제·사회문화·기술의 네 가지 환경으로 구분된다. 먼저 정책 환경은 건전한 방송 환경을 조성하기 위해 법제화된 환경으로, 특히 신규 법안 및 변경 내용에 따라 법적 변화가 있는지 확인해야 한다. 최근까지 융합 현상이 심화되면서 방송 서비스와 온라인 콘텐츠에 대한 규제가 거의 없었지만, 앞으로 이를 규제하는 제도가 논의될 수 있기 때문에 지속적인 관심이 필요하다.

다음으로 경제 환경은 글로벌 경기 침체에 따른 방송 시장 침체의 장기화와 방송 경쟁의 심화라는 특징이 있다. IPTV의 고속 성장은 미디어 서비스가 고도화되면서 방송 통신사 간의 경쟁을 심화시키고 평균 가입자 수를 늘렸다. 뿐만 아니라 플랫폼 비즈니스 경쟁은 더욱 치열해지고 있는 가운데, 앞으로도 왕좌를 놓고 전쟁이 지속될 것으로 보인다.

사회문화 환경은 뉴미디어 등장으로 인해 TV 시청률이 하락하고 매체가 다양해지며 플랫폼으로 바뀐 것이다. 미디어 수요자들은 시간과 장소에 구애받지 않고 콘텐츠를 맘껏 즐기며 쾌재를 부르고 있다.

마지막으로 기술 환경은 플랫폼 시장을 주도하는 전문가를 필요로 한다는 것이다. 기술의 발달만큼이나 전문가를 활용한 기술 제고는 미디어 플랫폼 시장의 가치와 연결된다. 예를 들어 VR 관련 산업에서는 고화질 디스플레이 등장과 함께 모션 및 위치 정보 기술의 전문 인력에 대한 수요를 창출하고, 컴퓨팅 및 네트워크 기술이 지속적으로 성장할 것이다.

미디어로 먹고사는 전문 방송국의 사정은 그다지 녹록하지 않다. 전문 방송국과 그 외의 플랫폼은 방송 콘텐츠 산업이라는 면에서 비슷한 특징을 갖지만, 경쟁 전략에 있어서 결정적 차이가 난다. 예를 들어 기존의 TV 프로그램과 같은 레거시 미디어(Legacy Media)[8]를 중심으로 하는 방송국과 유튜브 플랫폼을 기반으로 제작하는 방송국은 시청층 확보를 위해 콘텐츠 경쟁에 접근하는 방식 자체가 다르다.

이러한 상황으로 인해 시장 점유율을 다투며 타깃(Target)이 중복되거나, 제품이나 서비스가 대동소이한 방송국들끼리 프라임 시간대의 시청률을 경쟁하게 된다. 따라서 전략 집단의 경쟁 상황을 파악하고 집단 간 성과 차이를 비교하며 분석할 수 있도록 객관적인 검증을 수시로 거쳐야 한다.

미디어 산업 조직의 특징은 재무적 통제에 따라 경영된다는 것

●○○

8. 신문, 지상파 방송 등의 전통 미디어를 의미한다.

이다. 제작사 경영에서 중요한 것은 제작비를 일정한 수준으로 관리하는 것인데, 현재는 제작비의 절반 정도가 출연진과 작가에게 배분되는 구조다. 이를 개선하기 위해서는 출연료와 작가료를 적정한 수준에서 관리하고 통제해야 한다.

그 대안으로 제작사가 기획사를 같이 경영하면 수익성을 확보하기에 좋지만, 다큐멘터리나 예능 프로그램 제작은 방송사별로 시간당 제작비가 결정되어 있고 제작비에 차이가 있다. 제작사의 경영진은 프로그램을 일정 수준 이상으로 제작해 방송사의 신뢰를 얻는 것이 가장 중요하고, 광고를 유동성 있게 판매해야 하는 부담을 안고 있다.

미디어 플랫폼 구조로 변화하며 스마트폰을 통한 모바일 통신 매체를 주축으로 새로운 고객 커뮤니케이션 시대를 열었다. 그 일환으로 기업 홍보 차원의 일방적 소통을 넘어서 고객과 쌍방향으로 소통할 수 있는 미디어 창구가 있는지 여부가 기업에 대한 고객의 평가 잣대가 될 수 있음을 고려해야 한다.

플랫폼의 특성이 두드러지는 미디어 분야의 변화 과정은 어떠했을까? 우리나라의 방송은 역사가 짧지만 시기마다 변곡점을 겪었다. 1980년대 KBS와 MBC, 1990년 SBS의 도입으로 지상파 방송 체제가 성립됐고, 1990년대 중후반부터 다채널 종합 유선방송이 시작되면서 전국 도시에 지역 방송이 확산되어 다양한 방송 시스템이 구현되었다. 본격적인 미디어 시대의 서막이 열린 것이다.

2000년대에는 인터넷의 보급과 함께 온라인 방송이 확대되었고, 2010년대에는 보도와 예능, 교양 등 다양한 분야의 프로그램을 편성할 수 있는 종합편성채널(종편)이 등장하였다. 종편은 프로그램 편성 주체인 동시에 프로그램 공급자(Program Provider, PP)로서 다양한 형태로 편성 전략을 구사하며 영향력을 행사하고 있다.

2020년에 이르러서는 OTT(Over The Top) 방송 사업의 고도 미디어 경쟁 시대가 열렸다. 방송의 발전이라는 측면에서 레거시 미디어의 경영 효율화를 위한 체계적이고 현실적인 방안이 필요하다는 것이 현장의 목소리다.

시대별로 미디어는 현장의 목소리, 특히 시장과 방송 소비자의 니즈를 반영한 전략을 구사하면서 진화를 거듭하며 발전해왔다. 레거시 미디어는 이미 과거부터 현장의 경험을 체득했다는 강점이 있지만, 미래의 미디어 산업이 기존 방송사에 미칠 영향을 고려해서 OTT 서비스를 이해하고 활용하여 조직 차원의 대비책을 마련해야 향후 미디어 시장에서 생존과 발전을 지속할 수 있다. 갈수록 경쟁이 치열해지는 글로벌 경영 환경에서 전략적으로 문제를 해결하는 능력과 통찰력이 중요해지는 시점이다.

그렇다면 과연 OTT 서비스는 무엇이고, 어떤 전략적 의미를 갖고 있을까? OTT 서비스는 인터넷을 통해 실시간으로 미디어 콘텐츠를 시청하고 소비할 수 있는 서비스다. Over the Top을 직역하면 정상을 넘어선다는 뜻이지만, 여기서 Top은 셋톱박스를 가리킨다. 즉, '셋톱박스를 넘어'라는 의미로 셋톱박스라는 하나의 플랫폼에만 종속되지 않고 PC와 스마트폰, 태블릿 등 다양한 디바이스를 활용해 플랫폼을 지원한다는 뜻이다.

스마트 디바이스가 진화하면서 OTT는 더욱 매력적으로 변모하고 있다. 하나의 콘텐츠를 다양한 플랫폼에서 시청하고 소비할 수 있도록 하는 실시간 방송과 VOD를 포함한 장치 간의 연동 서비스는 이용자가 쉽게 공유하고 실행할 수 있도록 즐거움과 편의성을 제공한다. 넷플릭스(Netflix)의 성공 이후로 아마존(Amazon), 애플(Apple), 디즈니(Disney)와 같은 전 세계의 수많은 거대 기업들과 국내의 카카오, 쿠팡 등이 OTT 서비스 사업에 뛰어든 것도 이런 이유에서다.

해를 거듭할수록 기업들이 대규모 투자 유치와 경쟁을 통해 미래 핵심 서비스인 OTT를 활용한 시장을 선점하는 데 열을 올리고 있다. 과도한 경쟁은 방송 통신 시장의 질적 향상과 더불어 격변을 일으켰지만, 한편으로는 국내 미디어 산업에 큰 어려움을 몰고 왔다. 유튜브와 넷플릭스로 대표되는 글로벌 온라인 동영상 서비스의 공세에 밀려 국내 토종 미디어 산업은 포화상태의 시장과 정체된 매출 성장률 등의 위기를 겪고 있다. 시장 재편이 불가피하다는 판단하에 방송사들은 TV와 모바일, 플랫폼과 콘텐츠의 사업 영역을 넘나들지만, 그마저도 여러 규제로 인해 쉽지 않은 상황이다.

　더욱이 코로나19 바이러스로 인한 팬데믹, 뉴 노멀(New normal) 시대에 경영난은 불가피한 것으로 보인다. 하지만 이러한 문제를 해결하기 위해 미디어를 활용한 플랫폼 구축은 변화의 전환점이 될 수 있는 기회가 될 것이다.

2

미디어 플랫폼 전략 이슈

미디어를 활용한 플랫폼 전략의 핵심 이슈는 경쟁자와는 다른 방식으로 고객을 만족시켜야 한다는 것이다. 기업이 특정 시장에서 경쟁하기 위해서는 누가 서비스를 받고, 만족시켜야 할 목표 고객의 니즈는 무엇이며, 고객의 니즈를 어떻게 만족시킬 것인가에 대한 해답을 찾아야 한다. 레거시 미디어의 영향력이 줄어들면서 기존의 방송사들이 적자를 보는 상황에서, 유튜브를 활용한 콘텐츠 제작의 필요성이 대두되고 있다.

현재 방송사 매출은 해를 거듭할수록 연평균 약 3%나 감소하고 있다. 신규 매출 동력이 약한 가운데 광고 수입마저 줄어들면서 총체적인 경영난에 빠져 있는 상황이다. 이렇게 TV를 비롯한 레거시 미디어의 영향력은 급격하게 축소되고 있는 가운데, 공중

파 방송사들은 2019년에 이어 2020년 상반기에도 500여억 원의 적자를 기록해 유례없는 비상 경영에 돌입했다.

반면 유튜브로 대표되는 뉴미디어는 갈수록 성장하고 있다. 무대가 없고 편성표가 없으며 CG(Computer Graphic)도 없다. 심지어 스크립트(Script)도 없는 어린이 장난감 리뷰 영상이 월 30억 원의 수익을 거두면서 기존 방송의 경쟁 콘텐츠로 급부상했다. 이처럼 진입장벽이 낮은 유튜브가 대세가 되었다.

미디어의 판도를 완전히 바꾸어놓은 유튜브 콘텐츠는 인터랙션(Interaction)이 매우 중요하다. 레거시 미디어는 시청자와의 소통이 불가능했기 때문에 콘텐츠 자체의 완성도가 매우 중요했다. 그러나 뉴미디어는 댓글, 구독 등으로 시청자가 의사를 직접 표현할 수 있다. 심지어 다른 사람이 올린 콘텐츠에 맞대응하는 콘텐츠를 직접 제작하여 올릴 수도 있다. 이처럼 플랫포머 시대에서는 누구나 콘텐츠를 통해 인터랙션할 수 있다. 따라서 시청자의 능동적인 반응을 얼마나 끌어낼 수 있는지가 좋은 콘텐츠의 척도가 된다.

활발한 인터랙션으로 유튜브 플랫폼에서 인기를 끈 인물들이 있다. 바로 〈와썹맨〉의 박준형과 〈워크맨〉의 장성규다. 이들은 고유의 캐릭터를 통해 대중에게 친근하게 다가왔다. 대중은 실생활에서 공감할 만한 그들의 모습을 보며 댓글과 구독 등을 통해 호감을 표현한다. 특히 콘텐츠의 소재도 댓글에서 찾는다고 하니, 시청자와의 상호작용이 콘텐츠에 대한 관심과 직결되는 바로미터(Barometer)라고 할 수 있다.

이러한 추세로 최근 많은 방송인들이 직접 현장으로 나가 대중과 소통하는 '체험형 크리에이터'로 전직하는 사례가 많아졌다. 기존의 연예인처럼 너무 거창해서 가까이 다가가기 어려운 인물이 아니라 친구처럼 가깝게 소통할 수 있는 존재로서 우리와 인터랙션하고 있는 것이다. 이처럼 유튜브를 활용한 미디어 플랫폼은 시청자와의 심리적 거리감을 최소화하고 친숙한 사람의 이야기를 전달하는 포맷으로 재편되고 있다.

기존 방송사는 TV 프로그램 위주로 제작하면서 분량 및 편성에 제약이 있다. 그리고 스튜디오 촬영과 제작으로 많은 비용이 들고, 플랫폼을 활용하지 않기 때문에 시청자에게 일방적으로 방송을 전달한다. 그러나 새로운 플랫폼을 활용하기 위해 방송 제작 구조의 변화를 반영하고 방송국의 자체 브랜드를 확보하기 위한 새로운 창구가 필요하다.

여기에서는 신규 유튜브 채널을 운영하기 위한 비즈니스 모델을 소개할 것이다. 또한 커뮤니케이션 확장의 일환으로 쌍방향 소통 콘텐츠를 제작하고 이를 통한 소통이 어떻게 체험형 크리에이터의 관계를 형성하는지 사례를 통해 확인해보자.

먼저 EBS의 자이언트 펭TV를 살펴보자. 주인공인 펭수는 펭귄 탈을 쓴 캐릭터인데, 직접 경험한 내용을 메시지화하며 매력을 발산한다. 펭수라는 캐릭터의 인기 요인은 당당하고 거침없는 태도, 귀여운 외모 및 센스도 있지만, 사회생활에 공감을 일으켜 지친 삶을 위로해주는 것이다. 이런 요소로 펭수는 남녀노소에게 사랑받는 캐릭터가 되었다.

그렇다면 기존 방송사에 자이언트 펭TV가 던지는 메시지는 무엇일까? 캐릭터 산업의 기대주로 등장한 펭수는 굿즈(Goods)⁹를 비롯하여 기업 마케팅과 연계하여 홍보 효과를 누리고 있다. 레거시 미디어 기관인 EBS가 새로운 콘텐츠를 활용하여 뉴미디어 시장에 진출한 것으로, 신규 미디어 비즈니스의 성공적인 판로를 열었다고 평가할 수 있겠다. 이에 따라 미디어 구조의 재편이 본격화되어 여러 방송사가 유튜브를 이용한 신규 콘텐츠를 기획 및 제작하고 있다.

기독교 방송국인 CGNTV의 경우 새로운 관점으로 미디어 변화에 기민하게 대응한 〈KNOCK〉와 〈SOON〉이라는 브랜드 채널 콘텐츠로 시청자들과 만나고 있다. 한편, 트렌드에 발맞추어 체험형 유튜브 채널을 론칭하였다. '붓소핸섭'은 우리나라를 좋

---

9. 특정 브랜드나 연예인 등이 출시하는 기획 상품이다.

아하는 흑인 청년 조셉 붓소를 캐스팅하여 복음을 전하는 유튜브 채널이다. 그는 한국인 같은 취향과 성격으로 친근함을 느끼게 한다. 게다가 흑인 특유의 끼와 호소력 짙은 목소리로 다수의 팬을 확보하고 있다.

레거시 미디어에서는 파일럿(Pilot) 형태로 뉴미디어 플랫폼에 진입하기 전에 가벼운 테스트를 진행하여 시청자의 반응을 살핀다. 실제로 방송국에서는 수많은 베타 테스팅을 통해 프로그램의 시장성을 검증한다. MBC Everyone의 〈어서 와 우리나라는 처음이지〉는 외국인의 시점에서 바라본 우리나라의 모습을 재밌게 연출한 파일럿 프로그램이었는데, 정규 프로그램으로 편성되었다. 우리나라에 대한 매력 요소를 소개하여 우리나라에 대한 자부심마저 느끼게 한다. 또한 외국인 손님이 우리나라 문화를 경험하고 나누는 대화를 통해 시청자는 신선한 재미를 느낀다.

한편, 치열한 미디어 경쟁 구조와 빠르게 변하는 기술 환경으로 기존 방송사뿐 아니라 유튜브 채널도 미디어 체제를 급진적으로 변화시키고 있다. 그 일환으로 유튜버를 비롯한 크리에이터들을 관리하는 MCN(Multi Channel Network) 비즈니스가 있다. MCN은 다중 채널 네트워크로, 연예 기획사가 연예인을 관리하듯 1인 또는 중소 제작자의 활동과 콘텐츠 관리에 도움을 주고 크리에이터와 수익을 배분하는 비즈니스 모델이다.

MCN업체인 샌드박스는 내셔널지오그래픽 코리아와 계약을 맺고 내셔널지오그래픽 유튜브 콘텐츠를 한국어로 편집하여 생산하고 있다. 콘텐츠 자체가 진지해서 자칫 지루할 수 있는 자연 다큐멘터리에 온라인 특유의 감성을 입힌 편집으로 유튜브 이용자들의 큰 호응을 얻고 있다. 이를 통해 내셔널지오그래픽의 브랜드는 더욱 대중화되어 폭넓은 세대의 시청자를 확보할 수 있게 되었다.

하지만 MCN 비즈니스에도 허와 실이 있다. MCN의 불안한 수익 구조가 그것이다. 인기 유튜버를 영입하기 위해 무리한 계약금과 수익 구조를 제시하였다가 파산하는 경우가 있다. 이는 유명 유튜버를 확보함으로써 MCN의 투자 가치를 늘리기 위한 임시방편일 뿐이다.

그렇다면 앞으로 방송국은 플랫폼 전환을 통해 채널 운영의 효과와 미디어 제작 환경의 효율성 제고라는 두 마리 토끼를 잡을 수 있을까? 이러한 과정에서 주의할 점은 무엇일까?

레거시 미디어를 비롯한 기존 방송국에는 아카이빙(Archiving)[10] 된 수많은 방송 데이터 자료가 있다. 하지만 무엇보다 중요한 것은 선택과 집중이다. 다시 말해, 시청자가 느끼기에 친근한 콘텐

● ○ ○

10. 특정 기간 동안 필요한 기록을 파일로 저장 매체에 보관해두는 것을 의미한다.

츠를 선택하여 기획하고 집중적으로 콘텐츠를 개발해야 한다. 이를 바탕으로 자사 브랜드를 콘셉트에 맞게 채널 단위로 세분화하는 작업이 병행되어야 한다.

뿐만 아니라 기존 방송 콘텐츠보다 제작 시간과 비용을 절감하기 위해 노력해야 한다. 이를 위해 전사적 노력이 필요하겠지만, 제작에 필요한 모든 리소스를 절감하는 것은 경영 효율화 전략과 밀접한 관계가 있으므로 제작 여건이 뒷받침되고 있는지, 그런 여력을 얼마나 지속할 수 있는지, 추가로 필요한 예산은 얼마인지 등 수시로 조직의 재정 건전성과 방향을 점검하고 관리해야한다.

3

플랫폼 구조로 탈바꿈하다

플랫폼 구조로 변화하기에 앞서서, 비즈니스 모델의 이론적 배경에 대해 살펴보자. 먼저 비즈니스 모델이란 제품이나 서비스를 소비자에게 제공하고 마케팅하며 재무화하는 계획 또는 사업 아이디어라고 정의할 수 있다. 이를 채널 론칭의 관점에서 본다면, 미디어 콘텐츠를 시청자에게 제공하고 바이럴 마케팅(Viral marketing)[11]이 가능하게끔 적극적인 소구력을 얻어서 이를 통해 채널 수익(파이프라인)을 얻는 것이다.

비즈니스 모델은 고객에게 가치를 제안하고, 목표 고객을 설정

● ○ ●

11. 네티즌들이 이메일이나 다른 여러 매체를 통해 자발적으로 어떤 기업이나 제품을 홍보하기 위한 목적으로 콘텐츠를 제작하여 퍼뜨리는 마케팅 기법이다.

하며, 가치사슬을 구축하고, 전달 방식을 설계함으로써 수익으로 연결하는 프로세스를 구성할 수 있다. 세부적으로, 가치 제안은 어떤 가치 또는 솔루션을 제안할지 설정하는 것이다. 이를 위해 누구를 대상으로 가치를 제안할지 타깃 고객을 정해야 한다. 그리고 가치 창출은 어떻게 할지, 고객에게 어떻게 전달할지, 가치 전달 방식을 설계한다.

한편 수익 흐름 구조는 성공적인 비즈니스 모델로 연결된다. 제대로 기능하는 파이프라인을 구축하기 위해서는 무엇보다 고객 가치 제안, 즉 가치 제공의 실체를 명확히 하고 수익으로 이어지게 하여 경쟁력을 확보하는 것이 중요하다.

한편, 이러한 시스템을 다른 기업이나 크리에이터가 모방하지 못하도록 하는 것이 채널 수익을 지속하도록 하는 선순환 구조다. 플랫폼 구조로 탈바꿈하여 미디어를 활용한 독자적인 콘텐츠를 제작하고 이를 통해 신규 수입원을 창출하는 것이다. 이는 단순히 유튜브 콘텐츠를 론칭하는 것이 아니다. 우선 새로운 비즈니스를 통해 얻고자 하는 목표를 명확히 정의하고 기획해야 한다. 이러한 콘텐츠 기획에 도움이 될 만한 방법은 다음과 같다.

첫째, 미디어 플랫폼은 구성한 콘텐츠 내용을 모아 콘텐츠 포맷을 구상하여 채널의 콘셉트를 도출할 수 있다. 인기 있는 유튜브 채널은 체험형 콘셉트라는 공통점이 있다. 일반 대중과 만나는 접점이 늘어나고 시청자와 인터랙션 또한 활성화할 수 있는 장점이 있기 때문에 1인 크리에이터들이 선호한다.

둘째, 콘텐츠를 확산시킬 효과적 도구를 탐색해야 한다. 콘텐츠를 기획할 때 미리 큰 그림을 그릴 수 있기 때문이다. 어떤 구독자들이 주 시청자인지, 좋아요나 댓글, 시청 시간, 시청률 등의 결과를 비교함으로써 시청자와의 인터랙션 활성화에 효과적인 도구로 유튜브 채널을 활용할 수 있을 것이다.

방송이라는 매체는 처음부터 시청자를 염두에 두고 전하고자 하는 가치를 반영한다. 이러한 가치를 더욱 메시지화하기 위해서는 어떻게 해야 할까? 코로나19 바이러스로 인해 사회적 거리두기를 비롯한 언택트 열풍에 따라 집에서 방송을 소구하는 경향이 종전에 비해 더욱 강해졌다. 집콕과 미디어 소비 현상은 방송사들 간에 더 많은 경쟁을 유발했다. 재미있는 방송 콘텐츠를 활용한 소비층을 향한 적극적인 구애는 얼마나 많이, 그리고 빠르게 양질의 콘텐츠를 개발하느냐로 이어져 방송사들을 압박하면서, 경쟁력 또한 한층 강화시키고 있는 것이다.

한편, 미디어를 활용한 플랫폼 비즈니스는 충성고객을 확보하기가 어렵다. 시청자들은 재밌고 유익한 콘텐츠를 따라서 항상 움직이기 때문이다. 그렇다면 플랫포머 시대에 어떻게 고정 시청자를 확보하고 지속적으로 시청률을 제고할 수 있을까? 사실 어느 전략가도 이에 대한 정답을 속 시원히 이야기할 수 없을 것이다. 하지만 시청자도 사람이기에 미디어 플랫폼의 몇 가지 성공 요소를 다음과 같이 제안해보려 한다.

첫째, 플랫폼의 콘셉트를 정하고 목적에 부합하는 미디어 콘텐츠를 제공한다. 콘셉트에 근거한 미디어 플랫폼이라면 고객인 시청자 역시 비슷한 성향을 찾아 유입되었을 가능성이 높다. 그렇기 때문에 플랫폼 조직마다 선택과 집중을 적절히 배합하여 고객이 원하는 차별화된 콘텐츠를 선별적으로 제공하고 맞춤형 플랫폼을 구축해야 한다. 그리고 이러한 콘텐츠가 담긴 플랫폼을 통해 자사 중심의 미디어 문화를 확산시킨다면 동질 집단의 네트워크 효과[12]를 이룰 수 있을 것이다.

둘째, 변화하는 환경에서도 지켜야 할 방송 가치의 우선순위를 고려한다. 오늘날 우선순위는 급변하는 시대와는 달리 변하지 않아야 할 미디어의 정체성이어야 한다. 아이러니하게도 경쟁사를 신경 쓰는 방송사들은 아류에 머무르거나 폐업하여 사라지는 경우가 많다.

남과 경쟁하는 것에 초점을 둘 것이 아니라 고객, 즉 시청자에

● ○ ○

12. 서비스에 대한 개인의 수요가 타인의 수요에 의해 영향을 받는 효과다. 일단 어떤 서비스에 대한 수요가 형성되면 이것이 다른 사람들의 선택에 큰 영향을 미치게 되는 것을 가리킨다.

게 집중해야 한다. 제품과 서비스는 시시각각 변하는 요구나 상황에 적응하기 위해 확장되거나 변경될 수 있지만, 그 구심점은 변하지 않기 때문이다. 기준선을 확립하면, 미래는 예측하지 못하더라도 앞으로 나아가는 데 도움이 되는 계획을 세울 수 있다. 중요한 것은 모두가 멈춰 있을 때 한걸음 전진하는 것이다.

셋째, 미디어 플랫폼의 성패는 시청자, 즉 보는 사람을 어떻게 가치 있게 여기는가에 따라 달라진다. 조직 내부에서 결정되는 정책은 때로 고객을 존중하기도 하고, 기만하기도 한다. 그런 면에서 미디어를 활용한 플랫폼 채널을 운영하는 것은 책임이 따르는 일이다. 미디어의 가치가 문화를 반영하기 때문이다. 사람과 사회를 생각하는 조직 가치가 미디어 플랫폼과 제작된 콘텐츠에 잘 반영되었는지 자문하고, 고객 가치에 집중해보자.

고객이 원하는 것은 무엇이고, 고객에게 전달하고자 하는 메시지는 무엇인가? 우리가 생각하는 것 이상으로 미디어의 영향은 파급력이 강력하다. 이를 인식하고, 콘텐츠 하나하나가 밝고 아름다운 문화를 만드는 작품이 되도록 노력해야 한다. 그것이 광고든 사내 영상 콘텐츠이든, 조직마다 다양한 색과 매력을 지닌 콘텐츠를 제작할 때 우리나라의 조직 문화의 미래는 더욱 밝아질 것이라 확신한다.

4차 산업혁명의 변화가 부담되거나 변화를 위한 시도가 압박으로 느껴지지만, 이럴 때일수록 어떻게 달라질지 상상하기보다는 우리 조직이 10년 후에도 지키고자 하는 비즈니스는 무엇인지 살펴봐야 한다. 세상이 변한다고 해도 조직은 고객과의 신뢰를 지키며, 사회적 가치에 집중하고, 활용할 수 있는 미디어 콘텐츠와 플랫폼은 무엇인지 고민해야 할 것이다.

문화 플랫폼의 무한한 가치

문화 콘텐츠 산업은 여러 변수와 수요 예측의 난제로 투자 대비 리스크가 큰 비즈니스 영역이다. 그래서 대박 아니면 쪽박일 가능성이 높다. 콘텐츠의 영역에 따라 차이가 있겠지만, 산업 특성상 초기 비용과 고정 투자비가 높은 대신 변동비는 낮다. 이처럼 미디어 산업의 경우 손익분기에 도달하지 못할 경우 여타 산업에 비해 적자가 더욱 크게 발생하는 어려움이 있다.

그 타개책으로 정부가 IT와 콘텐츠 결합에 적극적으로 나서면서 혁신적인 문화 콘텐츠 기업을 육성하고 있고, 소규모 기업에도 VOD 유통 서비스와 채널 등 많은 발전 가능성이 열리는 추세다. 기업들은 수직적, 수평적, 보완적 제휴를 통해 가치사슬의 다른 영역(수직적) 또는 동일 영역(수평적)에서 경영 자원의 결합을 위해 전략적으로 제휴할 필요가 있다.

CJ E&M에 합병된 온미디어의 사례는 미디어 산업의 전략적 제휴의 필요성을 시사한다. 2000년 온미디어는 사업 초기의 혼란과 외환위기를 극복하고 영화 채널을 인수하면서 미디어 지주회사로 성장했다. 온미디어는 당시 케이블TV 사업을 운영하며 극장과 영화 투자 사업을 결합시켜 영화 산업의 가치사슬을 통합시켰다.

그리고 다른 사업자와 달리 콘텐츠를 중심으로 미디어 사업을 확장하였다. 온미디어는 여타 채널에 비해 월등히 높은 가격과 규모가 큰 수평적 결합, 대중적 인기를 끄는 영화 장르 채널 등으로 짧은 기간에 다각도로 경쟁우위를 추구하였다.

온미디어 사례를 기점으로 우리나라의 미디어 기업들은 가치사슬을 중심으로 수평적 또는 수직적 결합을 강화하고 있다. 서비스 사업자로 성장한 사업자들은 해외 프로그램을 들여오는 데 그치지 않고 양질의 콘텐츠를 직접 제작하고 유통함으로써 IPTV 서비스도 제공하게 되었다.

또한 기존의 종합 유선방송 사업자(System Operator, SO)들도 해외 사업자와 제휴하면서 더욱 경쟁력 있는 콘텐츠를 확보하여 재방송 콘텐츠를 구매하는 방송채널 사업자(Program Provider)로 영역을 넓혔다. 온미디어의 사업 결합은 영화 산업의 제작, 배급과 영화

| 그림 4 | CJ그룹 온미디어 인수

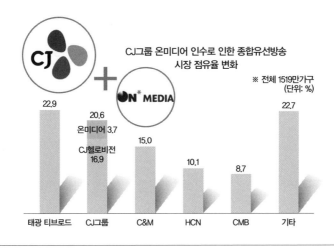

CJ그룹 온미디어 인수로 인한 종합유선방송
시장 점유율 변화

※ 전체 1519만가구
(단위: %)

출처 : CJ그룹

상영의 가치사슬을 통합하기 위한 전략적 제휴였다고 평가할 수 있다.

다행인 것은 이러한 미디어 산업 분야의 상승세가 이어지고 있다는 것이다. 상승세를 따르는 것도 좋지만, 그보다는 이를 지속할 새로운 미디어 분야를 찾는 것이 더욱 중요하다.

한편 미디어 산업에서 국제화 전략을 관리하는 것은 국내에서의 조직 운영과는 차원이 다른 문제다. 국가마다 경제적 리스크와 문화적 가변성이 다르기 때문이다. 언제 그 수요가 감소할지 모르는 불확실한 상황에 대비하기 위해서는 국제화를 넘어 초국적 전략으로 접근해야 한다. 자국의 것을 해외에서 파는 것만으로는 충분치 않다는 말이다.

따라서 해외 미디어 산업의 규모가 확대되고 사업이 복잡해짐에 따라 해외 사업을 관리해야 한다. 글로벌 효율성과 현지화라는 두 가지 목표를 모두 충족시키기는 힘들기 때문에, 초국적 전략에서는 효율성보다는 현지화에 초점을 맞추고 미디어 생태계가 점점 더 지역화되는 점을 활용하여 지역 시장을 다각화하고 경쟁우위를 확보할 필요가 있다.

그렇다면 화장품 산업에서의 미디어의 가치는 어떠한가? 미디어를 잘 활용하여 화장품 관련 비즈니스에 성공한 기업이 있다. 기업의 경쟁력 향상에 기여하기 위해 인수합병을 통해 비즈니스 플랫폼을 구축한 LG생활건강이다. 공격적인 인수합병과 다각화로 성장세를 이어가며 K뷰티 성공 신화를 만든 LG생활건강은 국내를 넘어 독보적인 기술력과 혁신적인 아이디어로 무장하여 국내외 소비자를 매료시키며 화장품 명가로 성장했다.

적극적인 인수합병을 통해 위기 상황에서 빛을 발한 LG생활건강은 중국의 사드 보복과 코로나19 바이러스 등 내수 경기 침체로 화장품업계가 휘청거릴 때 화장품, 생활용품, 음료 부문으로 위험을 분산시키며 실적을 거두었다. 그리고 이러한 사업 포트폴리오를 통한 비즈니스 플랫폼 성과의 중심에는 미디어가 있었다.

LG생활건강은 최근까지 한류 스타가 출연하는 미디어를 활용하여 광고 효과를 톡톡히 누렸다. 한류로 대변되는 드라마, 영화, 음악이라는 미디어 콘텐츠가 고객들에게 많은 사랑을 받은 것이다. 문화가 황금마차라면, 미디어는 황금마차가 방방곡곡 누빌 수 있도록 날개를 달아준다. 그러므로 문화 콘텐츠가 미디어를 만날 때 여타 산업에도 영향을 미치는 시너지가 발생한다. 한류로 인한 매출 상승에 더해 문화 콘텐츠의 파급력까지 더해지면 그 효과가 더 커진다.

게임 플랫폼에도 미디어가 큰 영향을 미치며 새로운 전략적 제휴가 필요한 시장의 유형과 동기를 탐색하는 계기가 되었다. 게임 플랫폼의 사례로 국내에서 게임과 이동통신 분야의 선두주자인 넥슨과 SK텔레콤이 전략적 제휴를 통한 공동 마케팅과 사업 협력을 위해 양해각서(MOU)를 체결하였다.

두 회사는 가상현실 분야에서 협력하기 위해 콘텐츠, 상품 서비스, 신작 게임의 공동 마케팅을 펼치고 넥슨의 지적 재산을 활용한 VR 게임 출시에 협력하기로 했다. 이는 빠르게 바뀌는 시장에서 새롭게 경쟁우위를 선점하기 위한 시도로 보인다. 게임사 넥슨은 신작 모바일 게임을 출시하고 VR과 AR 등 사업 분야를 점점 넓혀나갈 것으로 기대되며, e스포츠 분야로도 확대할 계획이라고 한다.

앞으로 넥슨과 SK텔레콤의 글로벌 게임 시장을 위한 제휴는 더욱 긴밀해질 것이다. 이처럼 플랫폼 기반의 게임 산업을 확장할 수 있는 기회가 늘어나면서 문화와 미디어라는 크나큰 가치가 합쳐지고 있다.

플랫폼의 깊이를 더해주는 미디어

일렉트릭 기타 제조 기업인 펜더(Fender)는 최근 악기 교육 기업으로 거듭나는 데 성공하면서 신규 고객 유입과 유료 멤버십 비율이 폭발적으로 늘어났다.

앱 '펜더 플레이'는 펜더가 2017년에 출시한 동영상 기타 강의 앱이다. 매달 9.99달러(약 1만 2천 원)를 내면 기타 강의를 무제한으로 구독할 수 있다. 오프라인에서 대개 정해진 시간에 매달 20~30만 원의 강습비를 내고 기타를 배우는 것을 감안하면 매우 저렴하다. 더욱이 코로나19 바이러스 사태가 장기화됨에 따라 외출에 제한을 받고 있는데 집에서 쉽게 앱을 활용해 기타를 배울 수 있어서 많은 사람들이 선호한다.

펜더는 2008년에만 미국에서 일렉트릭 기타 145만 대를 판매

| 그림 5 | 온라인 기타 학습 플랫폼 : 펜더 플레이

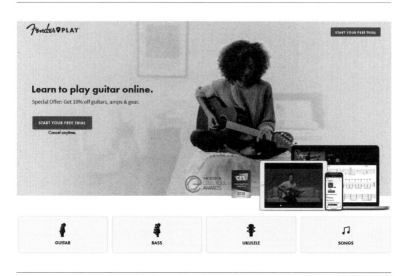

출처 : 펜더 플레이

했을 정도였는데, 10년 만에 109만 대로 줄었다. 118년 역사의 경쟁사 깁슨 역시 2018년에 파산 직전까지 내몰렸다. 그러나 펜더는 앱을 출시하자 당시 5억 달러(약 5,930억 원)였던 매출이 2019년에는 6억 달러(약 7,117억 원)로 늘었다.

밴드 음악이 쇠퇴하면서 일렉트릭 기타 수요가 감소하자, 기타만 제조해서 파는 것이 아니라 기타 레슨을 온라인으로 구독할 수 있게끔 모델을 바꾸었다. 이는 다량의 기타 강의 동영상 콘텐츠를 활용한 덕분이다.

이러한 플랫폼 비즈니스 모델을 기획하게 된 것은 2015년

CEO로 부임한 앤디 무니가 고객 분석을 실시한 덕분이었다. 앤디 무니는 나이키와 디즈니에서 일한 베테랑 마케터였다. 그의 분석 결과는 기타 업계의 고정관념을 깨는 것이었다.

첫째, 이제껏 기타는 남성들의 전유물로만 여겨졌는데, 신규 고객의 절반이 넘는 수치가 여성 고객이었다.

둘째, 제조업 당시 대부분의 고객은 뮤지션이나 아티스트였지만, 현재 고객 중 전문적인 기타리스트는 단 10%에 불과했다.

셋째, 기타를 사고 3개월 만에 연주를 포기하고 기타를 처박아 두는 경우가 무려 90%에 달했다.

넷째, 재구매하는 고객 패턴을 활용한 안정적인 수익 구조를 기대하였으나, 통계에 의하면 기타를 처음 사는 고객들이 전체 고객의 절반에 조금 못 미치는 45%나 되었다. 펜더의 CMO인 에반 존스는 "초보자들이 기타에 그렇게 많이 도전하고, 그렇게 빨리 포기하는지 몰랐다. 5년간 팔린 기타의 절반을 여성이 구매했다는 사실에 회사의 모든 사람이 충격에 빠졌다"라고 밝혔다.

이러한 통계와 분석 결과, 온라인 학습 대세를 고려하여 미디어 강의 기반의 온라인 플랫폼을 기획한 펜더는 여성 고객을 타깃으로 삼았다. 여성들이 온라인 플랫폼을 이용하는 방법에 맞추어 인터페이스를 구축한 것이다.

고객의 속도에 맞춰 배울 수 있는 커리큘럼은 특별히 여성 고

| 그림 6 | 펜더 플레이 기능과 구조

출처 : 펜더 플레이

객들의 취향에 적중했다. 웬만한 코드를 다 외우고 난 뒤 연주하는 것이 아니라, 코드 하나를 배우면 그 코드를 이용하여 최신곡을 짧게나마 쳐볼 수 있도록 하는 기타 학습 영상은 성취감을 느끼게 해주었다.

코드 하나를 배우는 영상 길이를 약 2분 내외로 정하고, 운지법 또한 쉽게 따라 할 수 있도록 클로즈업 샷 구조로 영상을 만들었다. 그리고 고객이 좋아하는 노래를 칠 수 있게 되기까지 20분 정도가 걸리게끔 설계되었다.

좋아하는 연주 스타일이나 장르별로 강사를 팔로할 수 있고, 라

| **그림 7** | 펜더 플레이 연계 음악 플랫폼 : 펜더 송 광고

출처 : 펜더 송

이브 클래스에도 참여할 수 있어서 강사와 실시간 소통이 가능하다. 물론 커뮤니티에서 강사들에게 질문하거나 연주 주법, 정보 등과 같은 팁도 얻을 수 있도록 하였다.

펜더 플레이가 시장에서 반응을 얻자, '펜더 송'이라는 서비스도 출시하였다. 월 4.99달러(약 6천 원)에 애플 뮤직에 올라와 있는 음악 중 75만 곡의 가사, 기타 코드, 악보 등을 제공하는 것이다. 강의를 듣는 것 외에도 음악을 즐길 수 있도록 콘텐츠를 제공하는 플랫폼 서비스인 셈이다.

펜더 송에서는 세 가지 연습 모드 기능을 제공하는데, 악보 코드를 보고 연습하는 모드와 드럼 등 다른 악기와 합주하여 기타를 치는 모드, 배경음을 빼고 자신의 연주만 녹음하는 모드가 그것이다.

펜더는 기타 시장이 침체하자 초보와 여성이라는 새로운 고객을 발굴해 지속적으로 기타를 즐길 수 있는 플랫폼을 만들면서 승승장구하고 있다. 기타 제조 회사에서 기타 교육 서비스 플랫폼 회사로 변신한 것은 신규 고객의 구성을 분석하고 그들의 니즈를 만족시키고자 했던 플랫포머로서의 접근 방식이 통한 덕분이라고 평가할 수 있다.

새로운 플랫폼 구축을 기획하고 있다면 미디어 기능을 활용해보자. 미디어를 활용하는 목적은 무엇보다 사용자가 원하는 서비스 구현이어야 한다. 이를 위해 데이터에 기반한 사용자 분석과 해석이 중요하다.

미디어는 단순한 일방향성 채널에 비해 효과적이다. 펜더의 참여자들이 그러하듯, 미디어로 함께 소통할 수 있는 쌍방향성은 자연스럽게 바이럴 마케팅으로 구현되고, 이 과정에서 사용자 분석은 유의미한 결과를 도출할 수 있는 정보를 제공한다. 이처럼 플랫폼을 사용하는 고객들의 편의를 제고해주는 미디어는 그 기능으로 콘텐츠의 풍성함을 채우며 플랫폼의 깊이를 더해줄 것이다.

4장

플랫폼 경제의 미래

테슬라와 오픈 소스

코로나19 바이러스 사태로 인해 공유 경제가 위축되고 있다. 언택트 기조로 다른 사람과 공유하지 않는 일상은 언제까지 지속될까? 이제 공유 경제는 역사적 뒤안길로 사라진 것일까? 인간은 기본적으로 사회적 욕구를 지니고 있어서, 여전히 온라인을 통해 다른 사람과 만나고 밥을 먹고 회의하며 함께 일한다. 사람들과 연결되고 무엇인가를 함께하는 플랫폼 경제는 쉽게 무너지지 않는다는 말이다. 다만, 다른 형태로 발전해나갈 뿐이다.

물론 숙소를 제공하는 에어비앤비(Airbnb)나 사무 공간을 공유하는 위워크 등 오프라인 대면 장소를 대관하는 서비스업은 타격을 받겠지만, 플랫폼 경제의 본질적인 공유 개념이 사라지는 것은 아니다. 우리는 여전히 가진 것을 나누고 공유하며 플랫폼 경제를 발전시키고 있다.

우리나라에 플랫폼 경제의 시초가 있다면 두레를 꼽을 수 있다. 두레는 농촌에서 향촌 주민들이 마을과 부락 단위로 농사일을 함께하기 위해 조직한 공동체다. 전통적인 공동 노동 조직으로는 두레 외에도 품앗이가 있었다. 품앗이는 기본적으로 개인의 의사에 따라 노동력을 상호 교환한 소규모 조직이었다.

한편 아나바다 운동은 IMF 사태가 발생한 이듬해인 1998년에 시작된 정부 주도 캠페인이다. 불필요한 지출을 줄이기 위한 것으로 '아껴 쓰고 나눠 쓰고 바꿔 쓰고 다시 쓰자'의 준말이다. 아나바다 운동에 동참하기 위해 국민들은 옷가지와 생활용품들을 모아 자체적으로 형성한 마켓에 내놓았다.

예부터 공유를 미덕으로 여긴 이유는 여러 사람이 모여 나누는 모습이 아름답기도 하지만 그 결과 또한 좋았기 때문이다. 무엇보다 혼자가 아니라 함께하면 일의 효율이 좋다. 일을 나누어서 하니 시간과 노력을 절약할 수 있다.

이러한 공동체성이 플랫폼에 담기면 어떤 일이 벌어질까? 여러 참여자가 함께 기업의 제품을 거래하거나 제품에 대해 소통하거나 기업에서 제공하는 제품과 관련한 기능을 다양하게 사용할 수 있다.

기업 입장에서는 플랫폼 자체가 마케팅 도구가 되기도 한다. 함께 있는 공간을 찾는 사람들에게 플랫폼은 기업의 제품을 홍보할 수 있는 공간이 된다. 제품을 사지 않더라도 플랫폼의 세련된 인터페이스, 제품을 간접적으로 사용할 수 있는 서비스 또는 미디어 기능, 이미 사용한 사람들의 리뷰만으로도 고객의 마음은 열릴 수 있다.

공유를 잘 실천하고 있는 기업 중에 하나가 테슬라(Tesla)다. 테슬라는 2003년 마틴 에버하드와 마크 타페닝이 창업한 전기차 제조 기업으로, 2004년 페이팔의 최고 경영자이던 일론 머스크가 투자자로 참여해 CEO에 올랐다. 이후 테슬라는 전기차를 필두로 타의 추종을 불허하는 행보를 걸으며 비즈니스와 제품을 선보이고 있다.

테슬라는 오픈 소스[13]를 공개하며 2014년에는 보유하던 200여 건의 특허를 모두 무료로 공개했다. 공개된 소스에는 전기차 관련 혁신 기술이 담겨 있는데, 다른 자동차 회사들이 사용할 수 있도록 하여 전기차 시장을 키우려는 큰 그림을 그린 것이다.

기업의 핵심 자산인 특허를 공개하는 것은 결코 쉬운 결정이 아니지만, 테슬라가 경쟁 리스크를 감수하더라도 이런 결정을 내

---

13. 기술 정보를 담고 있는 소스 코드를 공개한 것을 말한다. 소스 코드를 알면 해당 프로그램, 소프트웨어가 어떻게 설계되고 구성되어 있는지 알 수 있다.

린 데에는 전략적인 이유가 있다. 후발주자들과 연계된 산업들이 테슬라의 기술을 기반으로 전기차를 개발하면 표준기술이 테슬라를 중심으로 재편될 것이고, 이를 통해 제반 인프라를 구축할 수 있기 때문이다.

그렇다면 테슬라는 플랫포머, 즉 플랫폼 기업일까? 테슬라가 플랫폼 기업이라고 생각하는 사람은 많지 않지만, 앞으로 플랫포머가 될 가능성은 충분히 있다. 플랫폼 기업은 업종과 상관없이, 즉 테슬라와 같은 제조업이라도 기능 요소에 따라 플랫포머로 발전할 수 있다.

테슬라는 차량과 연결되는 자체 소프트웨어를 보유하고 있어서 소프트웨어를 통해 고객과 소통할 수 있다. 그리고 기업 대 고객의 소통, 고객끼리의 참여 커뮤니티, 유관 산업들과의 거래 채널 등을 통해 차량과 관련된 각종 플랫폼 기능을 구조화할 수 있다.

머지않은 미래에 자율주행 서비스가 상용화되면서 인공지능이 결합된 시스템이 구축된다면, 테슬라라는 플랫폼의 이름으로 우리 생활과 더욱 가까워질지도 모른다. 향후 보험업에도 진출한다고 하니 차량을 이용하는 고객들에게 통합 연계 서비스를 제공하게 될 것이다.

지금 테슬라가 투자하고 있는 전기차, 재생 에너지 분야 등은

독립적으로 존재하지만, 이들이 결합되면 강력한 시너지 효과를 발휘할 수 있다. 이처럼 다양한 서비스 기능을 갖출수록 테슬라가 그리는 미래 사회는 더욱 선명하고 다채로워질 것이다.

2

승자독식의 확장

자본주의 시장경제의 틀을 근본적으로 뒤흔든 글로벌 팬데믹으로 인해 2020년부터 모든 것이 바뀌고 새로운 시대가 전개되고 있다. 이러한 뉴 노멀은 코로나19 바이러스의 장기화로 인한 새로운 일상을 뜻하기도 하지만, 특정 국가가 주도하는 세계 경제를 기반으로 한 글로벌 스탠더드(Global standard)의 시대가 팬데믹을 기점으로 새로운 국면에 진입하여 경제 질서가 재편될 가능성을 시사하기도 한다.

1990년대 이후 인터넷의 급속한 확산과 2010년 전후 모바일 혁신으로 인해 지식 기반 경제는 네트워크 경제로 발전하고 있다. 시장 선점 효과를 경험하였기에, 2020년 이후로는 1등 플랫폼이 되기 위해 치열하게 경쟁하면서 산업 통합화의 바람이 불

것이다. 그리고 시장을 장악한 플랫폼 중심으로 고객과 기업이 모이고, 이러한 균형을 유지하기 위한 승자독식 현상은 지속될 것이다.

플랫포머 사회에서 트렌드 변화의 속도는 빠르고 그 파괴력 역시 가공할 정도다. 하드웨어와 소프트웨어, 콘텐츠의 복합화와 제조와 서비스의 결합 등의 융합 현상도 가속화되어 산업의 경계가 모호해지고 있다. 이 모든 변화는 글로벌 경쟁 상황이 전개되면서 기업의 초국적화와 함께 진행되고 있다.

시장에서 고객을 선점하는 자가 모든 이익을 차지하는 승자독식 현상은 플랫폼 시장에서 여실히 드러난다. 이 사실을 이해하고 있는 조직은 지금 이 순간에도 글로벌 플랫폼 사용자를 확보하는 전쟁에서 승리하기 위해 끊임없이 전략을 구사하고 있다.

기업은 경쟁력을 확보하기 위해 지역 사회와 정부 규제 압력에 대응하고 네트워크의 가치 변화에 따른 유연성과 디지털 경제의 균형을 유지하기 위해 협업해야 한다. 경제 부문이 네트워크로 결합되면서 강력한 플랫폼이 형성됨에 따라 플랫폼이 모든 네트워크 구성원의 이익을 배려할 수 있도록 이해관계자들이 협력할 필요가 있다.

플랫폼 기업들은 경제적 가치를 공유하고 집단 위험을 관리하며 궁극적으로 네트워크와 공동체를 유지하는 효과적인 방법을 고안해낼 것이다. 만약 자동차 업체나 주요 유통 업체, 언론사가 연달아 폐업하면, 막대한 경제적 타격이 뒤따를 것이다. 그러면 정부와 여론 또한 이 문제에 점점 더 많이 개입하면서 더욱 안정적인 경제를 육성하려 애쓸 것이고, 플랫폼 기업 역시 스스로 차별화를 추구하기 위해 사회 통합을 시도하는 것도 가능하다.

갈수록 발전해가는 사무 기술과 더불어 디지털 생태계에 대한 관심이 커지고 있다. 현시대의 플랫폼 기업들은 자생하는 것도 중요하지만 협업을 통해 상생하고 발전해나가는 것이 생태계에서 살아남는 생존 비결이다. 따라서 우리나라의 플랫폼 인프라가 건강한 생태계를 지니고 자리매김할 수 있도록 하는 것은 당면한 과제다.

아마존과 알리바바와 같은 플랫폼 기업들은 모든 이해관계자들이 서로 상생하며 이익을 실현할 수 있는 시스템을 중요하게 생각한다. 플랫폼에서 파생된 제3자도 점진적으로 자생적 수익 구조를 창출하게 하는 것이 경제발전의 선순환에도 기여하는 효과가 있지 않을까?

한편, 생태계 중심의 플랫폼 기업들이 승자독식 사업을 영위하는 것에 대한 불편한 감정도 느껴진다. 소비자와 정부, 사회단체까지도 가치 집중과 경제적 연결성에 대해 점점 더 적대적인 태도를 취할 가능성을 배제할 수 없기 때문이다.

디지털화의 고도화로 인해 세계 경제는 위험한 수준으로 소득 불평등과 사회 불안정이 심화될 수 있다. 소수의 디지털 슈퍼 파워, 즉 플랫폼 기업들이 글로벌 경제에서 창출되는 가치를 과도하게 독식하고 있다. 이러한 추세는 소득 불균형을 악화시키고 경제 기반을 위태롭게 하며 사회불안을 초래한다.

플랫폼의 확장성만큼이나 그에 상응하는 네트워크 윤리의식 또한 제고할 필요가 있다. 플랫폼 경제가 활성화됨에 따라 기업 운영에 필요한 윤리의식도 뒷받침되어야 하는 것이다.

예를 들어, 에어비앤비는 흑인 손님의 예약 요청이 거절당할 가능성이 다른 인종에 비해 높다는 실험 결과가 밝혀짐에 따라 사회적 차별 요소가 있다는 피드백을 받기도 하였다.

이처럼 플랫폼 경제의 활성화에 따라 기업 운영에 필요한 윤리적 기준 제시는 더욱더 강조될 것으로 보인다. 플랫폼의 확장성만큼이나 그에 상응하는 네트워크 윤리의식 또한 제고될 필요가 있는 것이다.

앞으로 언택트 물결에 힘입어 네트워크로 연결된 여러 플랫폼 기업들이 소비자의 건강과 안녕을 촉진해야 할 책무를 간과해서는 안 된다는 것을 기억하자. 소위 잘나가던 기업이 미미한 수준의 윤리의식으로 인해 고객으로부터 외면받는 일은 플랫폼 기업에도 결코 예외는 아니기 때문이다.

3

커넥티드 플랫폼

커넥티드 플랫폼(Connected platform)은 공급자와 수요자가 플랫폼을 통해 연결된 상황을 말한다. 커넥티드라는 말 그대로 '누구와 어떻게 플랫폼에 연결될 것인가?'에 따라 플랫폼 경제는 서비스 업체와 고객 그리고 각 참여자끼리 원하는 가치를 다양하게 공유할 수 있다.

음악 스트리밍 서비스의 커넥티드 플랫폼을 예로 들어보자. 일단 기본 음원들이 스트리밍 플랫폼에 업로드되면 서비스를 이용하는 사용자들은 스마트폰이나 PC로 음악을 듣는다. 여기에 기능을 추가하여 수요자끼리 음원을 편집하고 공유하는 플랫폼으로 구성할 수 있다. 저작권을 소유하고 있는 음원 제공자의 동의를 받아서 음원이 사용자에 의해 편집되는 것이다. 그리고 자신만의 버전으로 재가공된 음원 편집본을 플랫폼에 업로드하면 사람들은 그 음원을 공유하고, 나만의 음원 만들기는 하나의 놀이문화가 된다.

여기서 한 단계를 더 연결해보자. 내가 가공한 음원 편집본이 또 하나의 플랫폼, 예를 들어 음악을 공모하는 플랫폼에 올라간다. 이때, 내가 만든 음원을 사용하고자 하는 광고주를 만나 플랫폼에서 계약까지 할 수 있다면 영상 플랫폼에 제품 광고와 함께 나의 음원이 쓰이게 된다. 나의 음원은 광고와 함께 유명해져서 광고 음악을 유심히 들은 시청자가 스트리밍 서비스에서 원곡이 아닌 내 음원을 검색하고 듣게 될 것이다.

| 그림 8 | 커넥티드 플랫폼 : 음원 스트리밍 예시

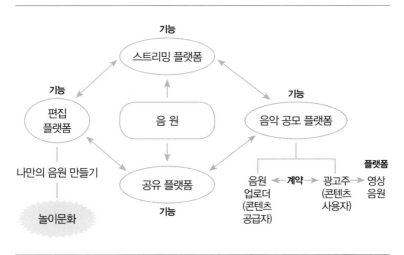

꿈같은 이야기처럼 들리는가? 작은 나비의 날갯짓으로 태풍을 일으키는 것과 같은 일도 가능하다. 이처럼 플랫폼을 통해 새로운 관계 구조가 탄생하고, 이러한 순환은 커넥티드 플랫폼에서 무한 증식된다.

플랫폼의 무서운 힘은 단일체로 존재하지 않고, 고도화된 기술과 함께 우리의 생활에 밀접하게 연결되어 기능한다.

커넥티드 플랫폼이 산업 구조에 미치는 영향력은 각 산업 분야의 경쟁과 수익성 측면에서 구매자의 협상력, 기존 경쟁업체 간의 경쟁의 성격 및 강도, 새로운 참가자의 위협, 대체 플랫폼 또는 서비스의 위협 및 공급업체의 협상력에 의해 결정된다. 산업 경쟁의 본질과 기존 경쟁사의 평균 수익성을 종합적으로 분석함으로써, 이전의 IT와 마찬가지로 많은 산업의 구조에 실질적으로 영향을 미치는 요인과 효과를 예상해볼 수 있다.

경계가 확대되는 산업에서 통합에 대한 압력이 거세지면 단일 플랫폼 서비스 업체는 광범위한 시스템에서 플랫폼 성능을 최적화할 수 있는 다중 플랫폼 회사와 경쟁하기가 더욱 어려워진다. 기존 플랫폼 경쟁 방식에서 뒤지지 않는 기업이라면 괜찮겠지만, 대부분의 기업은 커넥티드 플랫폼의 모든 잠재력과 기회를 활용하고자 혈안이 되어 있기 때문에 경쟁은 갈수록 심화될 것이다.

변화하는 산업 구조에서 기업이 지속 가능한 경쟁 우위를 확보하려면 전략의 기본 원칙이 필요하다. 경쟁 우위를 달성하기 위해서는 회사가 차별화를 통해 가격 프리미엄을 만들거나, 경쟁업체보다 낮은 비용으로 운영하거나, 두 가지 전략을 모두 수행할 수 있어야 한다.

하지만 경쟁 우위의 기초는 무엇보다 운영 효율성이다. 운영 효율성을 고려한 전략적 포지셔닝[14]을 정의함으로써, 회사는 고객에게 고유한 가치를 제공해야 한다.

그 일환으로 플랫폼의 소프트웨어와 연결 구성 요소를 통합하는 노력이 이루어지고 있으며, 고객을 위한 가치 창출 방식, 기업의 경쟁 방식, 경쟁의 경계를 변화시키고 있다. 이러한 변화는 거의 모든 산업에 직간접적으로 영향을 미치고 있는 IT 물결과 더불어 플랫폼 기능과 성능을 단계적으로 향상시킬 뿐만 아니라, 많은 비즈니스와 인간의 요구를 충족시키는 기능을 크게 향상시키면서 더 효과적이고 신뢰할 수 있는 방향으로 나아가고 있다.

자동차 애프터 마켓 기업인 카닥코퍼레이션(이하 카닥)은 모바일 기반 자동차 커넥티드 플랫폼 서비스를 제공하고 있다. 2013년 자동차 외장 수리 중개 서비스로 시작하여 차량 관리 온디맨드 서비스, 차량용품 판매, 복합 주유소 사업 등을 진행하고 있다.

● ○ ○

14. 고객의 마음속에 자사 제품이나 서비스가 유리하게 지각되도록 노력하는 과정을 의미한다.

2020년 7월 말 기준 누적 앱 설치수 220만, 누적 거래액 1,200억 원을 기록했다. 2017년 이후 차량 관리 온디맨드 서비스로 플랫폼 사업 영역을 확장하며 현재 전국에 2,200여 개의 자동차 수리와 관리 파트너업체들이 플랫폼에 참여하고 있다.

2018년 말에는 일산 지역 GS칼텍스 직영 주유소를 세차와 정비, 카페 등을 결합한 신개념 복합 주유소로 리모델링하여, 매출을 3배 이상 끌어올리기도 하였다.

향후 사고 수리, 타이어 및 차량 관리를 위한 복합 차량 관리 공간을 오픈하고, 대형 마트와 협력하여 AI 차량 인식, 무인 통합 결제 기술 등이 접목된 직영 오프라인 공간을 오픈할 예정이다. 또한 카닥은 한국쓰리엠, 한국콜마 등과 협력하여 차량 관리 용품 라인업을 자체 브랜드로 확장할 전략을 갖고 있다.

그동안 카닥이 축적한 고객 만족 노하우는 오프라인으로 확장되어 온라인과 오프라인을 통합함으로써 고객에게 편리한 환경을 제공하면서 더욱 발전할 것이다. 더 나아가 자동차 보험 견적과 같은 B2B 연계 기능과 향후 개발될 차량 콘텐츠가 확충된다면 플랫폼 기업으로 성장하는 데 시너지 효과를 낼 것으로 예상해볼 수 있다.

커넥티드 플랫폼으로 인해 달라질 새로운 환경과 혜택을 기대하는 것은 상상만으로도 설레는 일이다. 그러나 네트워크의 안정성 및 보안에 대한 소비자들의 우려가 커지고 있음을 고려해야 한다. 네트워크의 가용성이 좋아지고 특정 플랫폼에서 클라우드로 전송하는 데이터가 각 플랫폼으로 옮겨져 분산될 수도 있겠지만, 세분화된 플랫폼이 많은 만큼 해커들에 의해 유출될 데이터도 늘어날 것이고 취약점도 발생할 수 있기 때문이다.

그렇다고 해서 모든 플랫폼을 폐쇄형 접근 방식으로 사용하기에는 비용이 문제가 된다. 또한 커넥티드 플랫폼 시스템의 모든 서비스 공급을 제어할 수 있는 기업이 우위를 점할 때에만 가능한 구조이기 때문에 상당한 투자가 필요할 것으로 보인다.

그러므로 기업 간 시스템을 활용한 개방형 플랫폼을 지향하되, 다른 서비스 업체의 장비 및 인터페이스와 호환하는 것이 가장 효과적이고 합리적인 방법이다. 모든 것이 연결되는 초연결 시대에는 플랫폼 성능의 발전과 더불어 커넥티드 플랫폼에 들어가는 서비스 기업의 경쟁도 치열할 것이다. 따라서 소프트웨어 회사마다 최대한 많은 기능을 추가하며 사업 다각화를 추진할 것으로 전망해볼 수 있다.

4

인공지능 플랫폼

　인공지능(AI) 플랫폼은 무엇인가? 인공지능에 부여되는 자율성
은 모니터링, 제어와 최적화 기능이 결합된 것이다. 이전에는 불
가능했던 수준의 자율성을 가진 플랫폼은 환경에 대해 배우고,
서비스 요구를 자체적으로 진단하고, 사용자의 기호에 적응할 수
있다. 이에 따라 인력을 줄일 수 있을 뿐만 아니라 해킹과 같은
위험 요소로부터 안전성을 높일 수 있다.

　자율 플랫폼은 다른 플랫폼 및 시스템과 함께 작동할 수도 있
다. 더 많은 플랫폼이 연결됨에 따라 이러한 기능의 가치는 기하
급수적으로 높아질 것이다. 궁극적인 목표는 시스템의 다른 플랫
폼 활동을 포함하여 성능 및 환경에 대한 데이터를 활용하는 알
고리즘을 적용하고 다른 플랫폼과 통신하는 능력을 알고리즘에

적용하여 시스템이 완전히 자율적으로 작동하게 하는 것이다.

AI 플랫폼 기업들은 소비자들과 긴밀하게 연결된 플랫폼 환경을 구축하기 위해 치열하게 경쟁하고 있다. 소비자들이 새로운 플랫폼을 통해 정보, 상품 및 서비스를 얻는 주요 채널을 형성하면, 마케팅 전쟁 또한 가속화되기 때문이다. AI는 소비자가 점점 더 많은 선택을 탐색하도록 도움으로써 사람들이 합리적으로 구매할 수 있도록 시간과 비용을 절약해주는 장점이 있다.

AI는 소비자에게 편의성을 제공할 뿐만 아니라 여러 위험을 최소화하며, 새로운 비즈니스 환경에 더욱 광범위하게 영향력을 행사할 것이다. 특히 AI 플랫폼은 소비자가 자신을 믿는 경우에만 성공적으로 작동하는 특성이 있다.

플랫폼 알고리즘은 각 개인의 요구 사항을 지속적으로 학습함으로써 이용자를 만족시킨다. 소비자가 더 좋아할 것이라고 생각하는 신뢰할 만한 브랜드를 대안으로 추천해서 소비자가 대안에 더 만족한다면, 플랫폼은 브랜드를 대체할 것이다.

그런데 AI 플랫폼이 소비자의 요구를 충족시키는 데 전념해야 한다는 입장과, 브랜드에 소비자 데이터를 제공하기 위해 계약을 체결해야 한다는 입장이 상충하고 있다. AI가 자신의 요구에 맞지 않는 유료 브랜드를 추천한다고 느끼면, 소비자의 신뢰도가 떨어질 것이다. 이에 대한 해결책으로, 플랫폼이 브랜드와의 관계를 투명하게 관리하거나, 유료 및 무료 추천을 동일한 가중치로 제공하는 것이 있다.

플랫폼 소유자와 마케팅 담당자는 개인정보 사용과 AI 성능 간에 균형을 유지해야 한다. 더 많은 데이터를 수집할수록 플랫폼이 더 정확해지지만, 소비자는 오랫동안 편의를 위해 개인정보 보호를 일정 부분 포기했다.

고객 지향적 기업은 AI 플랫폼이 고객과의 관계를 근본적으로 바꿀 것으로 기대한다. 제조 능력 및 브랜드와 같은 전통적으로 중요한 자산에 대한 소비자의 관심은 AI로 이동할 것이다. 소비자 데이터의 가치와 AI의 예측 능력이 급격히 증가함에 따라 플랫폼을 통해 제품을 홍보하는 푸시 마케팅이 더 중요해지고 소비자가 제품을 찾도록 유인하는 풀 마케팅은 다소 덜 중요해질 것이다. 한편으로는 범위의 경제가 제공됨으로써 AI 플랫폼을 통한 광범위한 제품 수급으로 고객과의 관계가 더욱 깊어질 수 있는 기회가 생긴 것이다.

AI 서비스 분야에서 우위를 선점하기 위해 우선 필요한 것은 기술력이다. 기술력을 확보하기 위해 다음의 세 가지 방식이 있다.

첫째, 각 소비자의 브랜드별 가중치를 포함하여 제품을 추천하고 선택하기 위해 플랫폼에서 사용하는 알고리즘을 이해하는 데 적극적으로 투자해야 한다. 일부 소비자의 경우 브랜드가 가격보다 중요할 수 있지만, 다른 브랜드에서는 이런 관련성이 다소 떨어질 수 있기 때문에 AI 알고리즘은 이러한 차이점을 고려하여 설계되어야 한다.

둘째, 브랜드는 소비자와의 직접적인 유대 관계의 가치를 평가해야 한다. AI를 활용한 플랫폼이 브랜드 인지도와 충성도를 제고하기 위한 전략을 모색하려면, 기업은 고객과 의사소통하는 채널을 다양하게 운영하여 데이터를 지속적으로 수집해야 한다. 동시에 브랜드 구축을 위한 지속적인 투자가 병행된다면 브랜드에 대규모로 투자하던 과거의 방식과 달리 고객이 원하는 것을 더욱 빠르게 제공함으로써 단기간에 성장할 수 있을 것이다.

셋째, 소비자의 온라인 구매가 점점 더 활성화되고 있지만 전세계 소매 판매는 대부분 오프라인 상점에서 발생하고 있다. 따라서 당분간 소비자는 오프라인에서 많이 쇼핑하고 브랜드는 여전히 영향력을 발휘할 것이다. 그러나 소비자의 구매가 AI 플랫폼으로 전환함에 따라 브랜드는 실제 소매 채널이 얼마나 중요한지 정기적으로 평가하고 전략을 조정해야 한다. 브랜드는 여전히 소비자 행동과 제품 혁신에 대한 깊은 지식을 바탕으로 한 제품의 전문가이기 때문이다.

초기 AI 플랫폼 산업에는 다수의 경쟁자가 있겠지만, 결국 중후반기로 넘어가면서 몇 개의 회사로 좁혀질 것으로 예상된다. 시장은 진입장벽이 높기 때문에 대규모 범용 AI 플랫폼을 구축 및 실행하는 데는 비용이 매우 많이 든다. 예를 들어 아마존의 알렉사(Alexa)를 개발하는 데는 수천 명의 엔지니어가 필요했다. 각 엔지니어들은 개발에 막대한 내부 리소스를 투입하는 것 외에도 데이터, 서비스, 기술 및 앱을 제공하는 광범위한 공급 에코 시스템을 구축해야 했다.

플랫폼이 안정적으로 작동할수록 충성도가 더 높아지는 것은 당연하므로, 소비자의 선호와 습관을 학습한다. 이를 통해 고객의 요구를 예측하고 충족시킬 수 있고, 고객은 자연스레 이를 더 많이 사용하는 선순환 구조로 운영된다. 또한 플랫폼 간 데이터 호환의 용이성으로 인해 사용하고 있는 AI 플랫폼에 대한 애착을 갖게 되면, 대규모 플랫폼만 생존하게 되고 규모가 작은 플랫폼들은 특정 AI 플랫폼에 통합될 것이다.

국내외 다양한 AI 플랫폼이 등장하면서, 플랫폼과 이로 인한 가치 창출에 대해 생각해보는 기회가 되었다. 특히 마케팅 관점에서 AI 플랫폼을 바라보는 시각이 흥미롭다. 마케터들이 플랫폼을 판매 채널의 한 형태로 바라보면서, 점점 고도화되는 기술력을 기반으로 업무가 더욱 복잡해지고 있다.

AI는 가격 정보뿐만 아니라 소비자의 행동과 동기 부여에 대한 의견까지 제시할 것이다. 따라서 기업은 마케팅의 모든 측면을 재설계함으로써 지금까지와는 다른 마케팅을 해야 하며, 가격 책정, 제품 기능 및 프로모션 제공, 소비자 만족도 향상으로 이어지는 플랫폼을 구축해야 하는 과제를 안게 되었다. 점점 더 개선된 환경이 소비자에게 제공된다는 사실은 수요자 입장에서 신나는 기다림이 아닐 수 없다.

그리고 사용자의 정보 사용을 제어할 수 있는 기능이 개인 보안 측면에서 반드시 필요하다. 정보뿐만 아니라 사생활까지, 소비자는 편리함을 위해 개인적인 것을 포기해왔다. 그러나 인공지능 서비스를 통해 편리함을 제공받는 동시에 본인의 정보가 취약해질 수 있다는 사실에 경각심을 가져야 한다. 소비자 데이터를 다루기 때문에 AI 플랫폼 사업주를 비롯하여 엔지니어들 역시 정보 보호를 깊이 고민하며 운영해야 할 것이다.

또한 브랜드의 가치와 소비자들의 관심이 AI 서비스로 옮겨가는 것은 고객 관계의 판도가 달라진다는 면에서 어찌 보면 당연한 일이겠지만, 소비자 데이터의 가치가 마케팅의 수단이 되는 것은 걱정스러운 점이다. 브랜드 구축의 목표이자 마케팅의 목표로서 양질의 AI 서비스를 위해 치열하게 경쟁하는 기업들을 소비자 입장에서 어떻게 이해해야 할까? 무엇보다 고객 관계 중심으로 신뢰 구축에 대한 시스템이 필요하다고 생각한다.

마지막으로 소비자가 필요한 것을 고민하며 우수한 마케팅 전략을 수립할 수 있도록 플랫폼 소유자와 마케팅 담당자는 소비자의 AI 서비스 사용에 균형을 이룰 수 있도록 해야 한다. 정보 및 AI 성과 데이터가 더 많이 모일수록, 그리고 플랫폼의 정확도가 높을수록 더욱 가치가 높게 부여될 것이기 때문이다. 따라서 소비자의 요구에 맞춘 혁신을 추구함으로써 고객을 확보하고 만족을 주며 지속적으로 고객과 진심 어린 관계를 유지할 수 있도록, 미래의 AI 어시스턴트들이 노력해야 할 것이다.

우리나라 정부가 인공지능 정책을 국가 차원에서 실행하려면, 이를 어떻게 가장 잘 활용할 수 있는지에 대한 계획이 필요하다. 하지만 이러한 계획보다 정책 입안자의 합의가 관건인 것을 고려한다면, 정책의 실행 가능성은 충분히 높다. 우리나라는 IT 기반의 도시 계획 등 국제적으로도 모범이 될 만한 사례를 구현할 가능성이 크고 그에 대한 기대도 높은 편이기 때문에, 이에 부합하도록 협의하는 일이 어렵지 않을 것으로 보인다.

하지만 정부는 AI를 사용하여 시민들을 도우면서 AI가 시민들에게 해를 끼치지 않도록 하는 방법에 대해서도 생각해야 한다. 현재 AI 제품은 정말 빠르게 성장하고 있는데, 정부는 시민들을 보호하는 정책을 시행하고 있지 않다. 또한 그 기술이 어떻게 시민의 자유를 방해할 수 있는지에 대해서도 고민할 필요가 있다. 전 세계 사람들을 돕는 방향으로 AI 기술을 추구해야 할 것이다.

글로벌 플랫폼 기업은 원가 우위와 차별화 통합 전략의 일환으로 정보 네트워크 면에서 유연성의 또 다른 원천을 제공한다. 데이터 수집과 모델 개발 등 오픈 소스 프로그래밍을 공통적으로 사용하는 AI는 프레임워크(Framework)[15]와 소프트웨어 라이브러리(Software library)[16]를 함께 공개하고 있다. 이러한 모델을 클라우드로 가져오는 프로세스를 간소화하도록 서비스를 통합하고 있는 추세다.

예를 들어 화웨이의 경우, 마인드스포어(Mindspore)[17]를 통해 AI 모델 교육에 최적화된 기술력을 선보이고 있다. 향후 AI 앱과 플랫폼 구조를 선도하기 위한 기초 작업이라고 볼 수 있는 것이다. 화웨이의 AI 프레임워크를 보급하여 이를 활용한 연계 프로그램 및 스마트폰, 사물인터넷 제품과 같은 인터넷 연결 기기와 제품들이 양산되도록 하는 화웨이의 전략은 시장을 선도하기 위한 움직임이다.

애플만을 경쟁사로 여겼던 삼성전자의 입장에서는 갑자기 화웨이가 주요 경쟁사로 변한 셈이다. 경쟁 관계가 되면서 서로를

● ○ ●

15. 소프트웨어 애플리케이션이나 솔루션의 개발을 수월하게 하기 위해 소프트웨어의 구체적 기능들에 해당하는 부분의 설계와 구현을 재사용할 수 있도록 제공하는 소프트웨어 환경을 말한다.
16. 개발된 각종 프로그램을 모아두고 다른 사용자도 사용할 수 있도록 한 프로그램의 집합을 의미한다.
17. 화웨이에서 출시한 인공지능(AI) 소프트웨어 기술 환경이다.

바라보는 관점에서부터 경쟁 행동에 대한 예측이 시작된다. 화웨이의 추격은 삼성전자의 입장에서 다소 위협적이지만, 국제 정세와 경쟁 관계상 상황은 언제든지 바뀔 수 있다. 주어진 경쟁 관계를 어떻게 분석하느냐에 따라 스마트폰 시장에서 경쟁 관계에 있는 기업들의 다양한 행동과 그에 따른 대응 양상이 바뀔 것이다.

한편, 인공지능과 더불어 블록체인 기술은 플랫폼의 입장에서 더욱 효과적으로 활용될 것이다. 수많은 콘텐츠 자료는 파일 형태로 간소화되었지만, 끊임없이 보안의 위협을 받고 있다. 예전에 랜섬웨어(Ransomware)[18]에 감염되어 회사 내의 많은 영상 자료들을 복구하지 못하고 유실하였던 적이 있다. 필자는 이러한 일을 겪고 나서야 데이터 보안에 대한 필요성을 인식하게 되었다.

블록체인 기술은 데이터의 저장과 전송을 용이하게 할 뿐만 아니라 보안 수준을 높일 수 있다. 나아가 사용하고 있는 컴퓨터 프로그램에도 블록체인 기능이 추가된다면 안전한 플랫폼 콘텐츠를 제작할 수 있을 것이다.

대부분의 기업이 이윤을 추구하는 영리 조직이지만, 비영리 법인처럼 후원으로 이루어지는 경영 환경이라면 사업 전략상 다른

● ○ ○

18. 몸값(Ransom)과 소프트웨어(Software)의 합성어로서, 사용자 컴퓨터 시스템을 잠그거나 데이터를 암호화해서 사용할 수 없도록 만든 다음 사용하고 싶다면 돈을 내라고 요구하는 악성 프로그램이다.

경쟁 업체가 시도하지 못한 결제 시스템을 도입하는 방법을 고려해볼 수 있다. 예를 들어 화폐 가치에 대한 사회적 합의가 이루어진다면, 비트코인으로 후원금을 결제할 수 있을 것이다. 나아가 콘텐츠 또한 블록체인 기술을 바탕으로 결제 시스템을 갖춘다면 조직 내외적으로 플랫폼 제작 환경을 활용한 새로운 변화와 효과를 기대해볼 수 있다.

5

조직 행동의 변화

스티븐 스필버그 감독, 톰 크루즈 주연의 〈마이너리티 리포트 (Minority Report)〉라는 영화가 있다. 이 영화는 인간성에 대한 깊은 고찰을 보여주는 SF영화다. '정해진 것처럼 보이는 미래, 즉 운명 이라도 선택은 나 자신에게 있다. 얼마든지 미래는 바뀔 수 있다' 는 메시지는 조직원 개개인의 차이와 특성을 바탕으로 인재를 관 리해야 한다는 시사점을 준다.

인간이 삶에 대한 태도를 스스로 선택할 수 있듯이, 조직에 부 여된 운명에 대해서도 자유의지를 발휘할 수 있을 것이다. 그러 므로 위기를 극복하기 위해 애쓰는 것이야말로 인간 개개인에 부 여된 자유의지를 조직 차원으로 승화하는 것이기도 하다.

최근 뇌신경과학과 진화심리학 등에서는 인간의 행동은 유전자 또는 DNA에 따라 프로그래밍되어 목적을 충실하게 수행하는 것뿐이라는 생각에 무게가 실리기도 한다. 하지만 진화심리학이나 뇌신경과학에서 주장하는 이야기들이 사람들의 삶을 얼마나 고양시키고, 희망을 주며, 나은 곳으로 이끌고 있는지에 대해서는 고민해볼 필요가 있다. 인간을 생화학적 기계로 바라보는 모델은 지배계층이나 기득권의 의지가 반영되었을 가능성이 있기 때문이다. "원래 그렇게 타고났으니 노력해도 안 돼. 그러니까 시키는 대로 하고 되는대로 살아"라는 식의 주입은 조직 차원에서 개인의 차이를 인정하지 않는 근거가 될 수 있다.

조직에도 흔히 이야기하는 DNA가 있을까? 체질이라고도 하는데, 유전자나 조직의 운명은 정해진 길을 따라 어쩔 수 없이 설계된 운명을 따른다는 논리처럼 들린다. 그러나 조직에 닥친 불가피하고 부정적인 요소들을 어떻게 받아들이냐에 따라 기업의 상황은 충분히 달라질 수 있다. 그것이 곧 전략의 발현이자 조직의 의미를 찾는 길이라고 믿는다.

넷플릭스는 사업 모델을 변경할 때마다 자체 오리지널 콘텐츠를 제작하거나 클라우드를 구축하는 등 새로운 도전이 요구되는 상황을 맞이하곤 하였다. 아무리 조직 차원에서 성공이 검증된 아이디어라고 해도 새로운 역량을 제때 확보하지 못하면 성과가 좋을 수 없다. 그렇기 때문에 비즈니스의 다변화는 효과적인 인

| 그림 9 | 넷플릭스 오리지널 시리즈

출처 : 넷플릭스

재 관리와 성과 관리 없이는 실행되기 어렵다.

넷플릭스는 이러한 조직의 특성을 활용하여 최고의 인재를 채용하고 시장 최고 수준의 보상을 제공하였다. 유연하게 급여 수준을 조정하여 직원이 중요한 역량을 확보하고 발전시키면 급여에 즉각적으로 반영하는 기민한 인재 관리로 조직이 지향해야 할 방향에 대한 근원적인 시사점을 던졌다.

많은 기업이 분명한 목표에 따라 조직 행동을 추구하지만 그 지향점을 유지하지 못하고 빠른 시대의 흐름에 쫓기고 있는 것 같다. 트렌드 변화에 따라 기민하게 전략을 수정하고 변화를 실행하는 것도 중요하지만, 플랫포머 시대에 외부 경쟁에서 생존하려면 한발 더 나아가 트렌드를 주도하고 플랫폼에 반영함으로써 강력한 플랫폼 조직이 되어야 한다.

끊임없이 경쟁하고 생존에 사활을 걸고 다투는 현실에서 인재를 개발하려고 노력하는 이유는 그 인재를 바꾸기 위해서다. 많은 직원들이 조직뿐 아니라 사회에 기여하고자 개인 간의 차이를 이해하려 노력한다. 조직을 통제하고 관리하는 차원에서 개인차는 개인의 사고와 행동에 많은 영향을 미치므로 관심을 기울여야 한다. 또한 개인차에 대한 관심은 인간의 다양성을 인정하는 출발점이기에, 조직 구성원인 개인의 심리와 지각, 학습, 태도, 퍼스널리티(Personality)를 고려하여 구성원 개인의 목표를 조직의 지향점과 일치시키려 노력해야 할 것이다.

이로 인한 조직 행동의 변화는 조직의 성과에도 기여하므로, 향후 변화 관리의 중요성은 더욱 커질 것이다. 플랫폼 조직이 전략을 수립하고 추진하기 위해서는 환경 변화에 맞추어 변화해야 한다. 돌다리도 두들겨보고 건너라는 말처럼, 전략 방향의 타산을 면밀히 검토하고 결정에 따른 리스크를 비판적 사고로 접근해야 한다. 더구나 성장하고 있는 조직이라면 리더의 역할은 무척 중요하다. 기업의 비전은 물론 비전 달성을 위한 전략 수립과 정책 방향에 따라 기업의 성패가 언제든 바뀔 수 있기 때문이다.

콘텐츠 전략가로서 조직의 경쟁력을 확보하기 위해 이를 어떻게 적용할지 알아낼 수 있다. 소속된 플랫폼마다 더욱 치열해지고 있는 경쟁 상황에서 새로운 형태의 플랫폼은 계속해서 늘어날 것이다.

인수합병이든 방향 변화에 따라서든, 플랫폼 트렌드는 시시각각 그 모습을 달리한다. 이런 변화에 끌려다니지 않고 시장에 발맞추는 방법이 있다면 경쟁사보다 먼저 주도하는 것이다. 트렌드에 끌려다니지 않는다는 말은 이를 무시하는 것이 아니라 트렌드를 선도적으로 만들고 반영하는 것이다. 4차 산업혁명 시대에 적합한 기술을 이해하고, 조직에 필요한 기술이라면 발 빠르게 조직에 도입하여 선구적인 서비스로 플랫폼에 안착시키는 것이 중요하다.

예를 들어보자. 방송국의 경우, UHD 도입과 8K 영상 콘텐츠 제작을 통해 새로운 다매체 플랫폼 시장을 선도할 기회를 잡는다. 기업 입장에서 부담스러운 마음에 투자 수준을 낮추어 시대가 필요로 하는 콘텐츠를 제작하지 못하면 결국 시장에서 밀려나게 될 것이다. 시대에 뒤처졌다고 고객에게 낙인찍히면 회복하기까지 상당한 시간이 걸릴 수 있다.

이처럼 변화의 과정에서는 장기적 투자를 아끼지 않아야 한다. 특히 인력 구성 면에서 전문가를 확보하여 콘텐츠 품질을 향상시키고 환경을 개선해야 한다. 무엇보다 조직의 성패에 미치는 요인은 노력이다.

플랫폼을 배경으로 산업 특징과 경쟁 요인에 대응할 수 있는 계획을 지속적으로 마련하고 이를 이행하여야 한다. 플랫포머 시대의 조직은 기존 시스템에서 플랫폼으로 전환하면서 운영 효율성에 대한 새로운 정의를 내리는 과정을 겪게 될 것이다. 이를 기반으로 가치사슬 전체에 새로운 비즈니스 모델이 구축되고, 플랫폼에는 사용자 정의를 기반으로 한 소프트웨어의 표준화 양상이 전개될 것이다.

반면에 조직 차원에서는 개인의 행동을 반영한 부서별 커스터마이징과 플랫폼 조직으로서 지속적인 업그레이드가 이루어질 것이다. 이를 위해 조직 운영 기법이 효과적으로 적용될 수 있도록 변화에 대응하는 유기적인 전략과 정책을 마련해야 한다.

6

Z세대와 매력적인 제도 구축

기업 컨설팅 사례를 살펴보면 많은 기업이 다음 세대를 아우르는 조직 문화를 구축하는 데 어려움을 겪고 있음을 알 수 있다. 기업의 규모와 상관없이 세대별 격차가 큰 조직일수록 소통에 더욱 부담을 느낀다는 피드백은 주변에서도 심심치 않게 들을 수 있다.

하지만 그 해결 방안 또한 플랫폼 자체에 있음을 기억해야 한다. 조직 구성원들의 매개체 역할을 하는 창의적인 솔루션으로 함께 소통하고 환경에 도움이 되는 기업 내부의 플랫폼을 만들어야 한다. 이는 플랫폼이 매력적인 이유다. 플랫폼은 조직 경험에 기여할 수 있는 강력한 제도적 전략 도구이기도 하다.

미래 사회에 함께 일할 동료는 밀레니얼 세대를 지나 1990년대

중반에서 2000년대 중반에 출생한 세대일 것이다. 이들을 Z세대라고 한다. 플랫포머의 중추 세대라고 할 수 있는 Z세대는 플랫폼을 친숙하게 느낄 뿐만 아니라 디지털 감성과 온라인을 활용한 콘텐츠의 수요자이자 공급자다. Z세대의 이러한 특성은 다양성을 인정하는 문화 코드 측면에서 필수적으로 고려할 사항이다.

한편 Z세대 소비자를 위해서는 각자의 색깔과 개성을 표현하는 장의 역할을 해야 할 뿐 아니라 최신 트렌드를 반영한 콘텐츠를 대중적으로 제작해야 한다.

중요한 것은 이러한 Z세대가 우리 조직에 점점 많아진다는 것이다. 조직의 입장에서는 이들의 특성을 고려해 제도를 구축할 방법을 고민해야 한다.

우선, Z세대 부서원은 타인과 명확한 경계가 있으며, 자신의 공간 또한 존중받기를 원한다. 따라서 개인의 사적인 영역을 침범하지 않고 편하게 이야기할 수 있는 소통 창구를 마련해야 그들의 진심을 들을 수 있다. 예를 들어 화상 회의는 직접적으로 만나지 않을 뿐 얼굴을 보면서 회의를 하므로 부담을 느낄 수 있으므로, 비대면 메신저를 통해 회의를 진행할 수도 있을 것이다.

한편, 업무 진행에 있어서 눈에 띄기를 원하지만 특별히 주목받지 않더라도 본인이 가치 있게 여겨지도록 조직의 목표와 방향을 정확히 설명하고 업무 분담을 고려한다. 하지만 완벽을 기하지 않는 성향에는 주의를 줄 필요가 있다. 멀티플레이를 좋아하는 기질에 맞게 다양한 업무를 경험하도록 분담하는 것도 방법일 것이다. 또한 대세에 따르지 않고 소신을 지키는 등 자기중심적 성향이 강하므로 리더십의 역량 면에서 신뢰를 주는 커뮤니케이션을 지향해야 한다.

무엇보다 펀(Fun) 경영을 추구하여 독특하고 가치 있는 조직을 구성해야 한다. 경직된 조직 분위기가 아닌 자유롭고 개성이 존중되는 조직 문화를 Z세대 조직원 스스로 추구하며 발전해나갈 수 있도록 책임과 자율권을 부여한다.

그리고 즐겁게 일할 수 있는 워크플레이스(Workplace) 구축을 고려한다. 조직 문화를 위한 캠페인, 업무 공간 조성 등과 같은 환경 복지도 간과할 수 없는 기획 요소이기 때문이다. 복리후생 제도는 유연하게 하고, 비전 지향적으로 일할 수 있도록 설계한다. 조직은 언제라도 고인 물이 될 수 있지만 절대 고이거나 말라서는 안 되는 화수분이 되어야 한다.

조직 문화 개선을 위해서는 매일 일과 중에 시간을 내어 직원들과 일상적인 대화의 시간을 갖기를 권한다. 단순한 휴식보다는 건설적인 시간이 되도록 정기적으로 커뮤니케이션의 장을 마련하여, 위기 상황이 되면 보고 체계를 성급히 구성할 것 없이 소통 채널로 바꾸어 유연하게 대처하는 것도 좋다.

플랫폼 조직의 핵심은 소통하는 일정에 있다. 예를 들어 월·금요일에는 현재 진행하고 있는 목표 중심의 회의를 하고, 화·목요일에는 팀별로 모여 일상의 고민에 대해 공감 토크를 하는 식이다. 워킹 데이(Working day)의 중심인 수요일에는 회사 안건을 두고 모든 직원이 한마음으로 소통한다.

이러한 소통 채널의 운영은 업무 활동을 일관되게 하고, 조직의 목표에 집중하는 데 도움을 준다. 또한 직원들끼리 유대감을 느끼고 긍정적인 환경을 조성하는 등 선순환 구조를 형성하는 효과가 있다.

5장

플랫폼을 다루는 전략 사례

1

틱톡의 플랫폼 공습과 위기

 틱톡은 중국 쇼트 비디오 공유 앱으로, 2017년 틱톡의 개발사 바이트댄스 테크놀로지가 미국에 기반을 둔 인기 쇼트 비디오 공유 앱인 뮤지컬.리(Musical.ly)를 전략적으로 인수하여 만든 것이다.

 2020년, 틱톡은 미국의 데이터베이스 관리 소프트웨어 기업인 오라클(Oracle)을 기술 협력사로 선정하였다. 이로써 북미 시장은 물론 국제적으로 시장을 확장하며 겪은 진통은 일단락되는 것으로 보이나, 앱 이용 금지 이슈와 같은 우여곡절을 겪으며 불거진 문제점을 분석해보고자 한다.

 첫째, 틱톡은 투자한 사업 규모 대비 수익 실현까지 갈 길이 멀어 보인다. 현재 광고 수익 외에는 돈을 벌 확실한 방법이 없는 상황인데, 새로운 성장 전략을 내놓지 못하면 유행에 민감한 소셜 미디어 플랫폼 경쟁에서 고전할 수 있다.

둘째, 틱톡과 유사한 플랫폼이 계속 출시되고 있다. 구글의 '파이어워크', 페이스북이 내놓은 '워치', 인스타그램의 '릴스', 스냅챗의 '렌즈', 국내에는 우아한형제들의 '띠잉', 아프리카TV의 '프리캣'이 있고, 카카오 역시 '카카오TV'라는 OTT 서비스까지 확장이 가능한 비디오 콘텐츠 플랫폼을 출시하였다.

| 그림 10 | 쇼트 비디오 서비스

업체	서비스 브랜드	특징
구글	파이어워크(Firework)	구글의 쇼트 비디오 서비스 인수 추진
페이스북	워치(Watch)	페이스북 내 쇼트 비디오 서비스 제공
인스타그램	릴스(Reels)	인스타그램 내 쇼트 비디오 서비스 제공
스냅챗	렌즈(Lens)	애니메이션 기능 활용한 렌즈 챌린지 홍보
우아한형제들	띠잉(Thiiing)	AR 기술 활용한 영상, 게임 콘텐츠 등 제공
아프리카TV	프리캣(FreeCat)	BJ의 VOD 영상과 라이브 방송 콘텐츠 제공
카카오	카카오TV	오리지널 콘텐츠로 OTT 서비스 확장

출처 : 각 서비스사

한편 시장 주도 기업인 유튜브의 경우에는 쇼트 비디오와 롱비디오가 모두 가능하다는 특징이 있다. 이에 따라 유튜브와 중복되는 콘텐츠가 업로드되는 경우 어떻게 차별화할지, 쇼트 비디오에 초점을 맞춘 틱톡의 시장 전략은 얼마나 경쟁력이 있을지 우려된다.

셋째, 틱톡 사용자 수에 대한 변수다. 경쟁사로 꼽히는 유튜브의 연령대별 사용자층이 고루 분포되어 있는 반면 틱톡의 주된 사용자는 10대이기에, 이들이 대거 이탈하게 되면 추가적인 동력을 확보하지 못해 성장성에 제동이 걸릴 수 있다.

| 그림 11 | 틱톡 사용자 추이

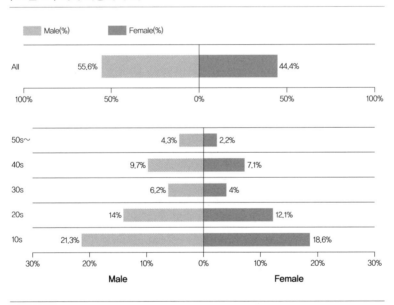

출처 : AppApeLab

이런 상황을 분석해본다면, 동영상 콘텐츠 시장에서 틈새시장을 노리는 만큼 틱톡만의 차별화 전략이 필요하다. 현재 틱톡은 중국, 인도, 미국 등에서 주로 사용되고 있는데, 해외 진출 및 사용자의 다양화를 노리고 있지만 기존의 SNS와 차별화 요소가 부족하다. 페이스북의 메신저 기능 또는 유튜브의 롱 비디오 및 크리에이티브 콘텐츠 생산 등에 비교해보면 단점이 명확하다. 이에 부족한 단점을 메우고 독자적인 콘텐츠를 개발하여 이미지를 쇄신하고, 놀이 문화로 틱톡을 즐길 수 있도록 콘텐츠의 다양화를 모색해야 한다.

게다가 틱톡은 중국산 유해 동영상이 쉽게 유통된다는 이미지가 있어서, 전 연령층으로 시장을 확대하려면 콘텐츠 정화 기능을 강화할 필요가 있다. 서비스 콘텐츠의 품질을 높이고, 특정 국

| 그림 12 | 틱톡 정보 수집 활동

사용자의 IP, GPS, 개인식별정보, SIM 카드 기반 위치 정보,
단말기 정보, 주소록, 문자메시지 등 데이터를 수집

중국 정부 접근 가능
명목 '안보상 정보 수집 활동'

개인정보 보호에 취약,
여론 조작이나 스파이 활동에 사용될 우려

가 이미지를 탈피하며, 유해 콘텐츠를 필터링한다는 개선 과제가 남아 있는 것이다.

또한 틱톡은 개인정보 보호 문제를 안고 있다. 마케팅 초기부터 연예인이나 셀럽을 활용하여 그들의 생활 반경을 동영상으로 찍어 올리는 콘셉트로 홍보하였기 때문에, 이를 표방한 미성년자들이 자신의 개인정보나 위치 정보가 담긴 동영상을 무분별하게 올리면서 정보가 유출되고 있는 것이다. IT 보안에 익숙하지 않은 청소년들이 틱톡을 이용하다가 개인정보 유출로 인한 보이스피싱, 스팸 및 해킹 등의 문제가 발생할 가능성이 매우 높은 것으로 알려져 있다.

이러한 문제 요소를 제거하려면 중국 정부가 요구하는 개인정보 수집을 중단해야 한다. 글로벌 도약의 시기에 틱톡이 국지(자국)적 정책을 보편화하는 우를 범하지 않도록, 개인정보를 동의 없이 수집하는 활동은 즉각 시정되어야 한다.

한편, 사용자에게 앱 실행 전 온라인 정보 교육을 의무화하고, 개인정보 보호 안내 페이지를 반드시 읽고 일정 시간 교육을 이수해야만 앱을 이용할 수 있도록 하는 것도 방법이다. 규칙을 어기거나 광고를 통해 해킹하거나 불법 링크로 유도하여 멀웨어(Malware)[19]를 확산하는 계정은 삭제하고 재가입을 방지하는 조치를 취하는 것이다.

| 그림 13 | 틱톡의 개인정보 처리 방침

개인정보 처리방침

최종 업데이트 일자: 09/27/2020

발효일: 10/05/2020

귀하와 관련하여 수집하는 기술정보. 당사는 귀하가 계정을 생성하지 않고 앱을 이용하는 경우를 포함하여 귀하가 본 플랫폼을 이용할 때에 귀하로부터 특정 정보를 자동으로 수집합니다. 수집 대상 정보에는 귀하의 IP주소, 브라우징 히스토리(즉, 귀하가 본 플랫폼에서 본 콘텐츠), 이동통신사, 시간대 설정, 광고용 식별자 및 귀하 이용중인 앱 버전 등이 포함됩니다. 또한, 귀하의 기기 모델, 기기 운영체제, 네트워크 유형, 기기 ID, 스크린 해상도, MCC 및 운영체계와 같이 귀하가 본 플랫폼에 접속하기 위해 사용 중인 기기에 대한 정보 또한 포함됩니다. 귀하가 복수의 기기를 사용하여 로그인 하는 경우, 당사는 복수의 기기상에서의 귀하의 활동을 식별하기 위해 귀하의 프로필 정보를 이용할 수 있습니다.

위치. 당사는 귀하에게 귀하의 필요에 부합하는 틱톡 경험을 제공하기 위해 귀하가 설정에서 선택한 '지역' 항목 정보만을 이용합니다. 다만, 당사가 위치기반서비스를 제공하는 경우에는 귀하의 동의를 받아 GPS 정보를 수집합니다.

당사는 귀하의 정보가 본 정책에 따라 안전하게 처리되도록 조치를 취합니다. 다만, 유감스럽게도 인터넷을 통한 정보 전송은 보안이 완전히 보장되지 않습니다. 당사는 암호화 등의 방법으로 귀하의 개인정보를 보호할 것이나, 본 플랫폼을 통해 전송되는 귀하의 정보에 대한 보안을 보장할 수 없습니다. 정보 전송의 위험에 따른 책임은 귀하가 부담합니다.

출처 : 틱톡 약관

또한 개인들은 동영상을 올리기 전 동영상에 연락처 및 계정 정보가 노출되지 않도록 관리 면에서 주의가 필요하다. 얼굴, 장소(위치) 등이 자연스럽게 노출되어 범죄 위험에 쉽게 노출되므로, 사용자의 연락처 기반으로 지인 범위에서 실명으로 콘텐츠를 이용하는 시스템으로 전환하는 것도 고려해야 한다.

한편 미국과 중국의 갈등이 심화되면서, 미국은 앱 사용 금지라

---

19. 악성(Malicious)과 소프트웨어(Software)의 합성어로 컴퓨터 사용자 시스템에 침투하여 악성 피해를 입히는 소프트웨어를 의미한다.

는 이슈에 더해 틱톡의 지분을 매각하라는 압박까지 가하며 미국 내에서의 비즈니스 확장을 저지하였다. 이러한 이슈는 미 의회가 정보 유출 및 검열 가능성을 문제 삼으면서 더욱 확산되었고, 틱톡은 일명 '스파이 앱'이라 불렸다.

위기의 실마리를 풀고자 틱톡은 미국 경영 전문가를 영입함으로써 대안 마련에 힘을 쏟았다. 틱톡의 모기업인 바이트댄스에서 디즈니 플러스(Disney plus)의 OTT 업무를 담당했던 케빈 메이어를 최고경영자(CEO)로 영입한 것이다. 뿐만 아니라 사업부 매각을 고려한 우선 협상 대상자를 선정함으로써 미국뿐만 아니라 글로벌 시장의 대응 전략 범위를 확대하기 위해 변화를 꾀하고 있다.

틱톡의 사례는 소셜 네트워크 플랫폼이 국제 정세에 따라 존폐의 위기에 처할 수 있다는 것을 보여준다. 틱톡은 보안 이슈 관련 조사에 성실히 대응하고, 대중에게 구체적으로 설명하여 우려를 해소함으로써 사용자들이 거부감 없이 앱을 이용할 수 있는 환경을 만들어야 한다.

틱톡을 둘러싼 미국의 일방적인 앱 사용 금지 및 지분 매각 조치가 다소 가혹하게 느껴지지만 중국 공산당과의 유착, 개인정보 유출 논란 등 의혹이 일면서 큰 논란이 시작되었다는 점을 기억해야 한다. 틱톡으로서는 미국 사업을 그대로 접을 수 있는 기로에 있었기 때문에 미국 사업부에 대한 인수합병(M&A)을 서두를 수밖에 없었던 것이다. 사업부 매각은 차치하고라도, 중국 정부의 개입, 개인정보 유출과 같은 위법 소지의 내용이 있다면 이러한 불안 요소를 제거하는 것이 선행적으로 해결해야 할 대(對)글로벌 과제일 것이다.

2

넷플릭스의 큐레이션

　1997년 설립된 넷플릭스는 수차례 사업 모델을 변경한 끝에 대박을 거둔 미디어 플랫폼 기업이다.

　넷플릭스의 초기 모델은 DVD 대여 비용을 받는 것이었다. 넷플릭스가 월 구독료를 받는 비즈니스 모델로 전환하기 전까지만 해도, 당시 경쟁사인 블록버스터(Blockbuster)가 고객들의 사랑을 독차지하고 있었다. 하지만 블록버스터의 연체료가 비싸다는 이용자의 불만이 점점 높아지고 DVD 반납이 원활하게 이루어지지 않으면서, 블록버스터의 고민 또한 커져만 갔다.

　넷플릭스는 이러한 불편함을 개선하여 구독료 기반의 멤버십 서비스를 기획하였다. 그리고 2007년 콘텐츠 스트리밍 서비스를 세상에 알렸고, 이후 폭발적으로 성장하였다. 사람들은 더 이상

DVD를 대여하지 않더라도 일정 비용을 내면 언제, 어디에서나 온라인으로 접속하여 원하는 콘텐츠를 마음껏 즐길 수 있게 된 것이다.

| 그림 14 | 온라인 콘텐츠 도입 초기의 넷플릭스

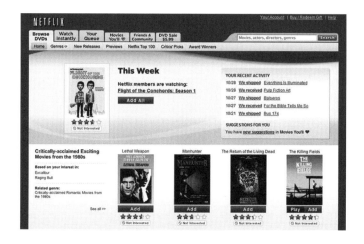

출처 : 넷플릭스

뿐만 아니라 2012년부터는 자체적으로 제작한 오리지널 콘텐츠로 다양한 고객 기호를 충족시키고 있다. 무엇보다 넷플릭스는 모든 콘텐츠에 큐레이션[20] 알고리즘 기능을 탑재하여 이용자가

● ○ ◦

20. 여러 정보를 수집, 선별하고 이에 새로운 가치를 부여해 전파하는 것을 말한다. 개인의 취향을 분석해 적절한 콘텐츠를 추천해주는 기능이다.

원하는 콘텐츠를 추천하는 서비스를 제공하고 있다. 이러한 큐레이션 서비스를 잘 발전시키기 위해 계획을 세우고 운영하는 것뿐 아니라 고객 서비스와 보안에 이르기까지, 넷플릭스는 데이터를 축적하여 빠르고 스마트하며 효율적으로 서비스를 제공하도록 알고리즘을 설계하고 있다.

| 그림 15 | 넷플릭스의 큐레이션

출처 : 넷플릭스

넷플릭스와 같은 플랫폼 비즈니스는 공유 비즈니스 목표를 달성하려는 모든 참가자들이 온라인 네트워크에서 데이터 또는 콘텐츠를 실시간으로 활용한다. 대부분의 운영 결정이 알고리즘에 의해 이루어지므로 기업은 변화하는 시장 조건과 고객 선호에 동적으로, 빠르게 적응할 수 있다. 그렇기 때문에 블록버스터와 같은 전통적인 기업과 달리 비즈니스 모델로 경쟁 우위를 차지한 것이 아니라, 플랫폼 기반의 기술력으로 승부하여 따라올 수 없을 만큼 격차를 벌릴 수 있었던 것이다.

그 배경에는 고객 선호도를 파악하는 데이터가 있다. 이 데이터는 넷플릭스의 플랫폼 운영을 위한 디지털 재료로서, 이를 활용해 데이터 과학자들은 특정 동작에 대해 알고리즘이 데이터 로드(Load)를 반복하도록 알고리즘을 설계한다. 그리고 그 수행 과정에서 더 나은 고객 가치를 제안할 수 있는 예측 모델을 고안한다.

이렇게 만들어진 예측 모델은 대부분의 플랫폼 사업에서 의사결정의 기초가 된다. 인간의 의사결정이 알고리즘적인 생산으로 대체됨에 따라 고객에게 필요한 맞춤형 서비스를 제안하는 플랫폼 서비스의 방식은 날이 갈수록 고도화되고 있다.

개인적으로는 알고리즘 기술 혁신보다 고객에게 어떤 가치를 제공할 것인지에 대한 아이디어가 훨씬 중요하다고 생각한다. 플랫폼 조직의 넥스트(Next) 혁신 또한 고객의 마음을 만족시키는 신통한 큐레이션이 될 것이기 때문이다.

3

알리바바의 디지털 생태계 구축

알리바바가 앤트파이낸셜(Ant Financial)을 출범시킨 2012년에는 중국의 대형 은행들의 대출 규모가 상당하였다. 최소 대출 금액이 대부분의 중소기업이 필요로 하는 금액보다 훨씬 컸다. 은행들은 신용 기록이나 사업 활동에 대한 적절한 문서도 없는 서비스 회사에 대출해주기를 꺼렸다. 그 결과, 수많은 중국 사업체들이 사업을 성장시키는 데 필요한 비용을 확보하는 데 어려움을 겪고 있었다.

그때 알리바바는 중소기업 대출 사업에 필요한 요소를 이미 갖추고 있다는 것을 깨달았다. 그래서 알리바바의 플랫폼을 사용하는 많은 중소기업들이 만들어낸 엄청난 양의 거래 데이터를 기반으로 기업 대출을 제공하는 파이낸셜 서비스를 공개하였다. 작고

근면한 개미 같은 모든 벤처기업에 힘을 실어준다는 생각을 담아 내기 위해 앤트(Ant)라고 이름을 지었다.

알리바바의 플랫폼에 있는 판매자들에게 데이터를 분석할 수 있도록 동의를 받아, 어떤 사업이 얼마나 잘되고 있는지, 제품이 시장에서 얼마나 경쟁력이 있는지, 신용도가 높은지 등을 알고리즘을 통해 평가할 수 있다. 앤트파이낸셜은 이러한 데이터를 활용해 차입자들의 상환 능력을 비교하고 신용 점수까지 실시간으로 측정한다.

실제로 알리바바에서 이용 가능한 모든 서비스와 거래는 참여하는 기업들의 신용 점수에 영향을 미친다. 얼마를 빌려줄지, 얼마만큼의 이자를 부과할지 결정하기 위해, 제품의 수명, 총이익률과 재고 회전율과 같은 알리바바 네트워크 내에서 생성된 다양한 유형의 데이터를 분석한다. 이 작업은 비즈니스에 대한 이해와 기계학습 알고리즘의 전문 지식을 필요로 하기에, 알리바바는 딥 러닝 전문가를 활용해 플랫폼 서비스의 품질을 향상시키고 있다.

알리바바의 특별한 혁신이라면 여러 유형의 사업체들과 소비자들이 커뮤니티를 이루어서 온라인 플랫폼과 오프라인이 조화롭게 교류한다는 점이다.

또한 전략적으로 온라인 비즈니스를 성공시키기 위해 필요한

| 그림 16 | 앤트파이낸셜의 진화

1단계(2004~2006년)	알리바바 플랫폼 결제 수단 알리페이 탄생
2004년　12월	알리페이 서비스 정식 개시
2005년　5월	알리페이를 다른 전자상거래 업체에도 개방
2단계(2007~2009년)	공공요금 결제 수단으로 확대
2008년　9월	알리페이 서비스 정식 개시
10월	알리페이 공공요금 결제 시작
2009년　11월	알리페이를 모바일 서비스 개시
3단계(2010~2013년)	모바일 결제 급속 보급
2010년　12월	온라인 은행 미가입자 대상 신용카드 간편 결제 서비스 시작
4단계(2013~2015년)	금융 서비스로 확대
2013년　6월	위어바오(온라인 MMF) 출범
9월	알리페이 O2O 시장 진출
2014년　4월	자오차이바오(P2P 대출 플랫폼) 출범
9월	마이뱅크(인터넷 전문 은행) 인가
10월	앤트파이낸셜 설립

출처 : 조선비즈

모든 기술에 접근할 수 있도록 열어두고 디지털 생태계의 발전을 지원하는데, 이런 사고방식이 알리바바의 생태계를 더욱 공고히 하지 않을까 예상해본다. 이렇게 공유된 기술로 연동하면 온라인 비즈니스가 날이 갈수록 확장될 것이기 때문이다. 누구나 접근할 수 있는 기술을 통해 알리바바를 비롯한 디지털 생태계에 속한 기업들이 미래 사회를 가치 있게 발전시키는 것은 바람직한 생태계의 모습이다.

알리바바와 같은 플랫폼 비즈니스에 최적화된 기업이 축적된 온라인 기반의 빅데이터를 바탕으로 고객 니즈를 인지하고 충족시키는 데 있어서 IT 기술은 도구일 뿐이다. 새로운 디지털 비즈니스를 시작하는 많은 기업들이 이를 어떻게 활용할지 깊이 고민하길 바란다.

나이키의 융합 플랫폼 전략

나이키는 전 세계적으로 운동화, 의류, 장비, 액세서리, 서비스 뿐 아니라 디자인, 마케팅, 라이선스를 판매하는 기업이다. 또한 제품의 재료 및 성능을 향상시키는 주요 기술에 대한 특허 및 상표를 보유하고 있다.

나이키는 혁신 강화를 위해 운동선수와 다양한 전문가로 구성된 전담 팀이 제품, 제조에 대한 디자인, 소재를 면밀히 검토한다. 그러나 새로운 기술과 스포츠웨어 간의 융합은 신선하면서도 낯설다. 과연 나이키의 이러한 시도는 플랫폼 효과가 있을까? 나이키가 직면하고 있는 기회와 위협에 대응하기 위한 구체적인 전략을 알아보자.

나이키는 LTE 및 5G 네트워크의 가용성과 결합된 모바일 기술을 통해 새로운 융합 세계를 만들었다. 스마트폰 및 태블릿, 피트니스 트래커 또는 스마트 워치와 같은 웨어러블(Wearable) 시스템과 연결한 것이다. 나이키는 사물인터넷 기술이 제품과 통합됨에 따라 신발 및 의류 산업을 변화시킬 것이라고 기대하고 투자하지만, 무리한 전환이라는 우려가 있는 것도 사실이다. 이를 해소하려면 기술을 통한 스포츠 편의성을 더욱 고도화하여 정체성에 대한 우려를 잠식시키는 것뿐이다.

2012년 나이키는 착용자의 일상 활동 및 성능을 측정하는 웨어러블 기술인 퓨얼 밴드(Fuel band)를 만들었다. 이 기술은 시장에 출시된 최초의 주요 피트니스 기기 중 하나였다.

| 그림 17 | 나이키 퓨얼 밴드(Fuel band)

이 장치는 사용자가 기본적인 신체 활동을 추적, 모니터링하고 그에 따른 보상을 받을 수 있도록 고안되었다. 사용자가 나이키 포인트를 쌓으면 다른 퓨얼 밴드 소유자와 경쟁할 수 있는 게임 기능도 만들었다. 이 장치는 블루투스 기술을 통해 스마트폰에 연결되는데, 사용자는 모바일 장치의 GPS 기능을 나이키 플러스와 연결하여 나이키 런 클럽(Nike Run Club)에 참여할 수 있다. 모바일 기기와 연결하면서 자체 기능을 완전히 구축할 필요 없이 구글의 핏빗(Fitbit)과 같은 웨어러블 기술과 경쟁할 수 있었다.

2014년 퓨얼 밴드의 중단을 결정했지만, 전략적 성장을 위해 나이키는 애플과 같은 선도적인 기술 회사와 협력하고 파트너 관계를 맺어 나이키 버전의 애플 워치(Apple Watch)를 제작하기도 했다. 애플과 나이키 간의 파트너십 관계가 더욱 긴밀해짐에 따라 향후 그 발전을 기대할 수 있게 되었다.

그동안 나이키는 대형 유통업체를 통해 신발을 비롯한 스포츠 웨어를 판매하는 기업으로 알려졌다. 하지만 이제는 나이키 디지털(Nike Digital)이라는 온라인 생태계 플랫폼을 기반으로 소매로 판매하고 있다. 이는 온라인 판매 방식이 과거보다 크게 활성화되면서 중간 단계인 도매 유통을 거치지 않고 바로 소비자를 만날 수 있는 환경을 반영한 것이다.

이처럼 나이키는 수년간 축적해온 마케팅 능력을 기반으로 직접 운영하는 온라인 판매 플랫폼을 통해 소비자를 공략하고자 한다. 오프라인 중심의 기존 대형 유통업체들이 빠르게 변화하는 소비자들의 욕구를 따라가지 못하는 데다 코로나19 바이러스 사태로 인해 겪는 경영난을 타개하고자 나이키는 융합 플랫폼 구축을 전략적으로 선택했다.

| 그림 18 | 나이키 핏 스캔(Fit Scan)

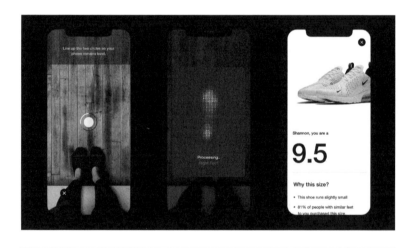

나이키는 차세대 고객을 확보하는 데 사활을 걸고 있다. 이를 위해 기술 시대로 전환되는 상황을 고려하여 21세기의 다양하고 포괄적인 작업 환경에 적합한 문화를 구현하기 위해 노력하고 있다.

또한 프로 스포츠의 주요 스폰서십도 체결했다. 2012년에는

NFL과 5년 계약을 체결하여 독점적인 현지 의류 공급업체가 되었고, 11억 달러(약 1조 3천억 원) 규모의 계약이 2019년까지 연장되기도 하였다. 한편, 나이키는 NBA의 의류 공급업체를 인수하는 등 브랜드 노출 및 라이선스를 통해 이익을 얻는 전략을 취하였다.

| 그림 19 | 나이키 셀렉트 인수

출처 : 나이키

한편, 2019년에는 디지털 판매를 확대하기 위해 인공지능 스타트업인 셀렉트(Celect)를 인수하였다. 인공지능을 활용해 고객 행동을 분석하고 효율적으로 재고를 관리하겠다는 전략적 행보인 것이다. 온라인 플랫폼에서도 나이키 디지털과 인공지능을 활용한 제품 판매 전략을 모색하고 있다.

이와 같이 적극적으로 신기술을 활용한 온라인 채널 확장에 힘을 쏟으면서 플랫폼으로 자리매김하고자 분주히 달리고 있다. 브랜드 슬로건인 'JUST DO IT'처럼 실행의 힘을 융합 플랫폼에서 발휘하길 바란다.

엔비디아의 GPU 집중 전략

컴퓨터 그래픽 처리 장치를 개발하고 제조하는 엔비디아 (NVIDIA)의 성공 배경에는 주력 제품인 그래픽 처리 장치(GPU)의 매출 성장이 있다. 게임용 GPU에서 데이터 센터용 GPU로 매출을 전환시키는 데 성공했는데, 이러한 전략은 클라우드 업체의 AI 적용 확대 등 데이터 센터 부문이 성장할 것이라는 장기적인 관점에서 보면 원동력으로 작용할 것이다. 클라우드 데이터 센터와 AI 반도체를 중심으로 서버 시장이 성장하고 있으므로, 데이터 센터와 AI 컴퓨팅에 사용되는 GPU의 수요도 함께 늘어날 것으로 보이기 때문이다.

엔비디아는 3D 그래픽 카드 시장을 넘어 게임, 전문 시각화, 데이터 센터, 자동차 등 4개 시장으로 활동 영역을 확장했다. 모든 제품에 단일 마이크로 아키텍처를 사용하는 전략으로, 경쟁 우위를 점했던 아키텍처에 집중하여 연구 개발 면에서 큰 수익을 올렸다.

그리고 신기술을 이용하여 고객들의 편의 제고를 위해 끊임없이 노력하고 있다. 복잡한 상황을 해결하고 학습하며 반응할 수 있는 딥 러닝 기술을 고객들에게 제공하고 있는 것이다. 인공지능 기술의 발전에 따라 시장 지배력을 확보하고 인공지능 혁명을 지속적으로 주도할 수 있는 방법에 대해 고민하면서, 지금 엔비디아는 딥 러닝 전문 기업으로서 경쟁 우위를 확보하고 있다.

최근에는 클라우드 기반 비주얼 컴퓨팅뿐만 아니라 AI, 딥 러

| 그림 20 | 엔비디아 지포스

출처 : 엔비디아

닝 및 빅데이터에 중점을 둔 연구원 및 분석가를 위한 솔루션 구축으로 다각화를 추진하면서, 자율 로봇, 드론 및 자동차를 위한 슈퍼 컴퓨팅 기능을 점진적으로 제공하고 있다. 이러한 과정에서 GPU 선도 기업인 엔비디아는 AI 분야에서 플랫폼 회사로 발돋움하기 위한 로드맵과 전략을 마련함으로써, 전후방 산업 경쟁의 위협을 극복하려 노력하고 있다.

과거 NV1[21]의 실패 이후, 3D 시장의 성장을 예측하여 과감하고 빠르게 전략을 수정하고 신속한 의사결정을 통해 사업 방향성을 새롭게 설정하면서, 조직 유연성과 사업 필요성에 따른 혁신 및 독창성을 창출하는 발판이 된 것이다.

이렇게 미래 예측을 통해 산업에 투자하고 기술력을 바탕으로 제품을 빨리 출시하면서 엔비디아의 포지셔닝 전략이자 경쟁 원천이 되었다. 그리고 딥 러닝, AI 기술로 최적화된 GPU를 활용한 설계·제조 플랫폼을 구축하고자 시장 지배력과 안정적 수익 구조를 정립하기 위한 R&D 투자에 더욱 힘을 실었다. 그 결과, 독보적인 기술력을 확보한 선순환 구조는 성장 모멘텀을 견인하고 있다.

●　○　○

21. 1995년 9월 30일에 출시된 엔비디아 최초의 그래픽카드다. 가장 큰 문제는 비용과 전반적인 품질이었다. 특히 그래픽카드의 반응이 늦어지는 경우가 발생하여 시장에서 외면받았다.

한편 자동차 제조업에서도 자율 주행 시장을 고려하면서, 엔비디아 입장에서는 완성 차 업체와의 파트너십을 확대할 필요성이 대두되고 있다.

내부 역량 강화를 위한 AI 트렌드 변화에 따라 인적 자원 훈련은 엔비디아가 존속하는 한 계속 필요할 것이다. 또한 리소스를 재분배하여 리더십을 유지하기 위한 전사적인 전략적 우선순위를 설정하고, 리소스의 사용에 관한 효과를 평가하여 현실적인 방식으로 최적화해야 한다.

앞으로는 AI와의 결합에 따라 단순한 알고리즘에서 인공지능적 대응이 주목받게 될 것이다. 이에 따라 엔비디아의 GPU 수요는 데이터 센터와 빅데이터 분야에서 더욱 늘어날 전망이다.

차세대 경영 환경에서 엔비디아가 지속적인 우위를 점하기 위한 발판을 마련할 수 있을지 여부는 핵심 자원을 활용한 플랫폼으로서의 기능과도 깊은 연관이 있다.

AI 업계에서의 선도 기업이 되기 위해 관련 기업과의 제휴와 M&A 전략으로 경쟁 우위를 확보해나가면서, 이미 고성능 네트워크 기술을 보유한 멜라녹스 테크놀로지(Mellanox Technologies)와 데이터 센터 솔루션 기업인 큐물러스 네트웍스(Cumulus Networks)를 인수하였다.

그리고 모바일 기기에 쓰이는 모바일 AP[22]를 설계하는 에이알

엠(ARM) 인수 계획을 발표하는 등, GPU에 집중된 설계와 제조 플랫폼을 시의적절하게 다각화할 수 있을지, 앞으로의 행보가 기대된다.

삼성전자의 패스트 무버 전략

삼성전자는 패스트 무버(Fast mover)로서, 시장 리더의 혁신을 빠르게 추진한다. 또한 신속한 의사결정 및 실행으로 생산 시설에 과감하고 전략적으로 투자할 수 있었다. 이러한 전략을 구현할 수 있는 시스템은 자본 집약적 제조업에서 두각을 나타냈고 시장 지배력을 강화시켰다.

전 세계적으로 삼성전자는 스마트폰 시장점유율을 늘려나갔지만, 마이너스 마진으로 운영되는 중국 제조업체로 인해 모바일 부문의 이윤은 줄어들었다.

이러한 약점에 대한 전략적 대응으로 삼성전자는 완전히 새로운 제품 시장을 만들어 경쟁 업체와 차별화하기 위해 혁신적인 신기술에 투자했다. 삼성전자는 사물인터넷, 클라우드 및 데이터

스토리지, 개인정보 보안, 스마트 머신, 헬스 케어를 주축으로 하는 핵심 기술에 집중하고 있다. 그리고 실리콘밸리의 혁신 에코 시스템을 활용하기 위해 전략혁신센터(SSIC)와 같은 실리콘밸리 기반 자회사로 거듭나고 있다.

그럼에도 불구하고 시장 지위를 위협받는 데 따른 이익 감소, 오너 중심의 조직 구조, 대외 협력의 미진함, 공급망 과다 경쟁 등 내부 혁신이 부족한 조직 문화는 삼성전자의 약점으로 꼽힌다. 이러한 약점을 보완하기 위해 삼성전자는 주력하는 핵심 기술을 원천으로 실리콘밸리에서 새로운 도약을 시도하고 있다. 더 나아가 다음과 같은 전략적 방안을 고려해볼 수 있다.

첫째, 실리콘밸리를 활용한 스타트업 인수 합병 전략을 취하는 것이다. 인수 합병 전략을 통해 고급 인력을 한번에 유입하는 효과도 노릴 수 있다. 실리콘밸리는 인재를 지속적으로 공급할 수 있는 터전으로서, 경영, 과학, 공학 전문가를 유치하여 전문성을 강화할 수 있는 기회이기도 하다.

둘째, ICT 기술을 바탕으로 한 핵심 제품 개발을 위해 전략적 파트너십을 도모한다. 삼성전자는 M&A를 통해 유망한 아이디어를 채용하고 스타트업을 인수하여 차세대 포트폴리오를 구축하는 것을 효과적인 실행 모델로 보고 있다. 생명공학 스타트업과 합병함으로써, 관련 없는 회사의 포트폴리오를 유지하기보다는 삼성전자의 핵심 브랜드 제품으로 새롭게 개발하려는 것이다. 삼성전자는 2016년 11월 세계적인 음향기기 기업인 하만 인터내셔널을 80억 달러(약 9조 원)에 인수하면서 이런 전략을 입증했다. 삼성전자로서는 최대 자금을 들인 인수건인 동시에, 대규모 인수에 소극적이었던 오랜 관행을 깨뜨리는 계기이자 촉매제가 되었다.

한편, 현지 인력을 중심으로 한 연구개발센터는 실리콘밸리에서의 입지를 굳히고 전문 기술자들과 교류하면서 한 단계 더 성장하고 발전하는 기회로 작용할 것으로 보인다.

삼성전자는 장기적 성장 잠재력을 갖춘 사업체 인수 등 비관련 다각화를 통한 사업 포트폴리오를 끊임없이 개선 및 재구성하고 있다. 기업 내부의 자본 중 상당 금액을 비관련 인수 합병 거래를 성사시키는 데에 사용하며 다각화를 지속적으로 추진하고 있는

| 그림 21 | 삼성전자 실리콘밸리 사옥

출처 : 삼성전자

것이다.

특히 4차 산업혁명과 더불어 프린팅 솔루션 기업, 모바일 결제 스타트업, 배터리 제조사, 블록체인 기술 등 유망 기업 또는 기술에 투자하면서 다각화의 수준과 효과를 증진시키며 삼성 브랜드의 가치를 제고하는 것은 미래 사회를 준비하는 대응 전략으로 평가할 수 있다.

하지만 앞으로 삼성전자를 둘러싼 경쟁이 매우 치열할 것으로 예상되는 만큼, 시장 선도를 위한 발 빠른 실행 전략이 지속적으로 빛을 발하도록 새로운 기술 혁신이 가능한 플랫폼을 지속적으로 개발해야 할 것이다.

7

현대모비스의 이노베이션 전략

1980년대 피터 드러커(Peter Drucker) 덕분에 기업 경영에 있어서 혁신은 전 세계 어느 기업이든 지속적으로 수행해야 할 과제가 되었다. 우리나라도 혁신은 경쟁 기업에 대한 우위를 점할 수 있는 원천이며, 혁신 추구가 기업의 지속적인 성장에 필수적이라는 생각을 갖게 되었다. 현대모비스와 현대트랜시스의 경영 혁신 프로세스는 혁신 플랫폼에 대한 인식이 틀리지 않았음을 보여주는 사례다.

대표적인 제조 기업으로 꼽히는 현대모비스를 플랫폼 관점에서 어떻게 바라볼 수 있을까? 현대모비스는 종합 기계 생산업체에서 자동차 부품 전문 기업으로 탈바꿈하며 성공적으로 플랫폼을 전환했다. 현재 완성 차 제조에 들어가는 모듈 사업과 자동차

A/S에 필요한 부품 사업을 주 사업으로 하고 있다. 또한 현대-기아자동차뿐만 아니라 해외의 완성 차 업체들을 거래처로 두고 있다.

이처럼 현대모비스의 사업 부문을 살펴볼 때 수익 구조는 비교적 안정적이다. A/S 부품 역시 현대모비스의 부품이 내장되어 있는 자동차들이 국내외에 많기 때문에 급격하게 매출이 감소할 가능성은 낮다고 볼 수 있다. 이는 안정세로 접어든 대부분의 자동차 부품업체의 특징이기도 하다.

현대모비스는 2018년 11월 미국 실리콘밸리에 오픈 이노베이션 센터인 엠큐브(M.Cube)를 열었다. 엠큐브는 자율 주행 소프트웨어 플랫폼과 생체 인식 기술, 인공지능과 차량 보안을 비롯한 혁신 사업 분야의 스타트업을 발굴하고 투자하는 핵심 거점으로 활용되고 있다. 엠큐브를 통해 핵심 부품 노하우와 인프라를 바탕으로 성장 발판을 마련하는 오프라인 플랫폼의 장을 만든 것이다.

또한 현대자동차가 운영 중인 오픈 이노베이션 센터인 현대크래들과 전략적인 협업을 강화하였다. 현대크래들은 미래 차 기술과 완성 차의 융합에 주력하고, 엠큐브는 자율 주행 기술을 보유한 스타트업 투자를 담당하는 방식으로 가치사슬을 구축한 것이다. 미국뿐만 아니라 이스라엘과 유럽, 아시아 등 아직 현대모비스가 엠큐브를 개소하지 않은 지역에서도 각 지역에 특화된 맞춤

| 그림 22 | 현대모비스 오픈 이노베이션 현황

권역	중점 분야	비고
국내	글로벌 오픈이노베이션 헤드쿼터 자율주형·모빌리티 서비스 등 신사업 총괄	오픈이노베이션팀 신설(2018년 1월)
북미 (실리콘밸리)	자율주형·인포테인먼트 유망 스타트업 발굴 혁신 기술 트렌드 예측 스타트업 네트워크 구축	엠큐브 신설 (2018년 11월)
중국(선전)	인공지능에 기반한 특화 기술 현지 차종 커넥티비티 서비스	연구분소 → 엠큐브 확 대 운영(2019년 상반기)
이스라엘	보안·센서·SW플랫폼	
유럽	모빌리티(핀란드·스웨덴·프랑스 등)	
아시아	아시아 주요 국가 스타트업 네트워크 구축	

출처 : 현대모비스

형 해외 연구소를 확대하면서, 인공지능과 빅데이터 기반의 자율주행 기술을 확보하고 있다.

하지만 현대모비스가 지속적으로 성장세를 이어가려면 안정적 수익 구조를 가지고 있어야 할 뿐 아니라, 이를 기반으로 새로운 성장 동력을 발굴하는 전략도 가지고 있어야 한다. 글로벌 팬데믹과 같은 상황에서 외부 환경의 변화로 인한 성장 둔화는 위기로 직결될 수 있기 때문이다.

그리고 전기 자동차와 같은 미래형 기술에 대한 투자와 개발 비중이 확대됨에 따라, 현대모비스의 혁신 운영 체계는 조직 구조와 프로세스, 변화 관리 부문으로 나누어 혁신의 틀을 제공하며 부문 간에 유기적인 협업이 가능한 플랫폼 조직으로 변화를 꾀하고 있다. 특히 조직 구성을 새롭게 함으로써 사내 혁신 문화 정착을 적극적으로 유도했다.

뿐만 아니라, CEO의 조직 혁신 의지를 임직원에게 전파하기 위한 소통 체계를 확립함으로써 커뮤니케이션을 위한 내부 플랫폼 또한 마련하였다. 직원들이 업무나 일상 경험에서 떠오른 아이디어를 자유롭게 제안해 실제 연구 개발 과제로 채택하는 아이디어 제안 게시판을 운영한 것이다.

특히 미래 자동차 신기술과 신사업 아이디어 구현을 위한 직원 아이디어 플랫폼을 통해 사내외 신기술 관련 정보를 공유하고 아이디어를 제안하여 토론이 가능하도록 하고 있다. 미래 자동차 분야 연구를 활성화하기 위한 직원 아이디어 포털인 '엠필즈(M.FIELDs)'를 오픈했는데, 직원들의 자발적인 아이디어로 솔루션을 찾는 이노베이션 공간이라는 의미를 담고 있다.

현대모비스의 이러한 혁신 노력은 기업의 성장으로 이어져 실제 결과로 나타나고 있다. 재무적 성장을 이룬 것뿐 아니라 혁신에 대한 조직원들의 의식마저 긍정적으로 바꾸어놓았다. 경영 혁신의 지속성이 플랫폼 조직 문화로 자리 잡았다는 면에서, 현대모비스는 조직 내부 플랫폼 혁신을 성공적으로 이루었다고 평가할 수 있을 것이다.

　이처럼 현대모비스는 임직원들의 참신한 아이디어를 전문적으로 육성하기 위한 프로그램을 다양하게 진행하고 있다. 기업의 지속적인 혁신은 생존을 위해서 전에 없던 플랫폼 전략을 구사하게 한다. 급변하는 경영 환경에서 내부적으로 결속을 다지고 지속적으로 성장하려면 혁신의 필요성을 조직 내부로 확산시켜 플랫폼 문화로 자리 잡게 해야 한다. 이는 기업 내외적으로 지닌 본원적 가치를 바탕으로 경쟁 우위가 있는 동력을 발굴하고 활용하는 데 필수적이다.

8

다이소의 위기 탈출 전략

한국의 아성산업이 1997년 서울 천호동 1호점인 '아스코이븐 프라자'를 열었고, 2001년 일본에서 약 43억 원의 지분 투자를 받고 다이소의 브랜드를 쓰면서 아성다이소로 회사명을 바꾸었다. 그런데 2018년에도 1,300호점을 돌파하며 약 2조 원의 매출액을 자랑하던 다이소에 위기가 동시에 찾아왔다.

먼저, 물류 규모와 효율성 제고를 위해 투자했는데 외부 환경적 위험과 더불어 큰 어려움을 맞았다. 가장 본원적 문제점은 수익성 악화로, 매출은 꾸준히 증가하지만 최근 2년간 영업 이익이 감소하면서 매장 면적당 매출이 지속적으로 줄어들고 있다. 너무 많은 점포와 대형화 전략에 따라 고정비와 인건비 등이 증가했기 때문이다. 실제로 전체 매장의 약 65%를 직영점으로 운영하면서 매장이 늘수록 매장 관련 비용이 증가하는 구조다.

더욱이 다이소 상품의 저렴한 가격은 강점이자 수익성 악화의 원인이기도 하다. 따라서 수익성 개선을 위한 방안 마련이 시급한 상황이다. 이러한 문제점을 해소하기 위해 신규 출점을 자제하고 내실을 다지면서, 장기적으로 물류 기반에 투자해야 할 것이다.

박리다매의 콘셉트는 유지하되, 제품에 대한 특색 있는 마케팅 전략 또한 고려해야 한다. 다이소는 마케팅에 소극적인 편이라서, 고객을 늘리기 위한 마케팅을 강화하여 고객의 구매 빈도를 늘려야 한다. 대중성과 고객의 충성도를 제고하기 위해서는 단골고객 우대, 멤버십, 포인트 제도 등을 더욱 강화해야 한다.

다음으로 일본 기업이라는 이미지에서 탈피하지 못하는 문제점이 있다. 한일 관계 악화에 따른 일본 제품 불매 운동이라는 초강수 국민 운동을 객관적으로 받아들일 필요가 있다. 그리고 국내 제조업체, 생산자, 제작자와 협력을 확대하고 있다는 것을 더욱 홍보하여 브랜드 이미지를 공고히 해야 한다.

무엇보다 다이소가 플랫폼 기업으로 변화할 수 있을지 여부는 당면하고 있는 문제점들을 극복하려는 기업 내부의 노력에 달려 있다. 최근 코로나19 바이러스와 관계된 언택트 소비 트렌드로 인해 다이소의 입장에서는 어려움이 가중된 상황이다. 그러나 이

| 그림 23 | 다이소 매출액 추이

급성장하는 다이소
〈단위 : 억원〉

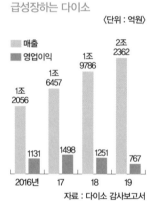

- 매출
- 영업이익

다점포 대형화 전략에
면적당 매출은 감소
〈단위 : 개, 만원〉

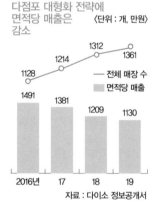

— 전체 매장 수
면적당 매출

자료 : 다이소 감사보고서

자료 : 다이소 정보공개서

출처 : 다이소

를 타개하기 위한 온라인 스토어 활용 방안이 다소 미미하다.

생활용품 플랫폼을 구축하기 위해 과거 신한은행과 제휴하였던 계좌 기반 결제 프로세스인 '다이소-SOL 페이'처럼 금융업과의 협업 시도에 머물러서는 안 된다. 다이소를 이용하는 고객이 이전과는 다른 새로운 가치를 경험할 수 있도록 다양한 디지털 기능을 플랫폼에 탑재해야 하고, 이를 통해 고객 편의를 증진시켜나가야 한다.

그리고 온라인 및 모바일 앱을 활성화하여 소비를 진작하고 새로운 서비스 문화를 활성화할 수 있다. 매장 방문 전에 미리 온라인 또는 모바일 앱으로 제품의 기능을 확인하고 오프라인에서 손쉽게 픽업할 수 있는 O2O 서비스[23]를 적극적으로 활용하는 것이다.

다이소를 이용하는 고객들의 커뮤니티와 제품 평가에 대한 소비자 리뷰, 인공지능을 활용한 CRM(Customer Relationship Management)[24] 등 고객들에게 신뢰와 안정감을 주는 방법을 고안한다면 플랫포머로 진화할 가능성은 무궁무진하다.

● ○ ●

23. 온라인으로 상품이나 서비스 주문을 받아 오프라인으로 해결해주는 서비스를 말한다.
24. 소비자들을 충성도 높은 고객으로 만드는 고객 관리를 의미한다.

9

쿠팡의 전략 수정

　쿠팡은 2010년 온라인 소셜 커머스 업체로 시작하여 온라인 마켓 시장의 과열 경쟁 속에서도 투자 유치에 성공하며 그 규모를 키웠다. 2015년 일본 소프트뱅크로부터 10억 달러(약 1조 1천억 원), 2018년에는 비전펀드로부터 20억 달러(약 2조 2천억 원)를 추가로 투자받았다. 소프트뱅크 손정의 회장이 지금까지 30억 달러(약 3조 3천억 원)를 투자한 셈이다. 이렇게 쿠팡은 막대한 투자에 힘입어 소셜 커머스에서 업계 1위로 등극하였다.

　하지만 이에 상응하는 적자 규모를 줄이기 위해 부단히 노력하고 있다. 쿠팡의 적자 실태는 2016년에 5,652억 원, 2017년에 6,388억 원, 2018년 1조 970억 원, 2019년 7,205억 원, 2020년 5,842억 원을 기록하여, 영업 적자만 약 3조 6천억 원이 넘어 비

| 그림 24 | 쿠팡 실적 추이

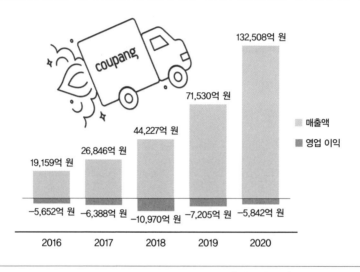

132,508억 원

71,530억 원

44,227억 원

26,846억 원

19,159억 원

■ 매출액
■ 영업 이익

−5,652억 원 −6,388억 원 −10,970억 원 −7,205억 원 −5,842억 원

| 2016 | 2017 | 2018 | 2019 | 2020 |

출처 : 금융감독원, 쿠팡 S−1 신고서류

전펀드에서 추가로 받은 투자금을 상회하였다.

쿠팡은 쿠팡맨을 필두로 로켓배송 서비스를 선보였고, 그 일환으로 물류센터를 과도하게 확장하여 만성 적자 기업이라는 지적을 받고 있다. 국내 유통업체들이 오프라인의 강점과 자본력을 내세워 시장에 뛰어들고 있고 네이버, 카카오 등 온라인 강자들까지 합세함에 따라, 수요가 한정된 우리나라에서의 경쟁 구도는 앞으로 더욱 치열해질 것으로 보인다.

전자상거래 시장에서의 경쟁이 격화되면서 업태 간 사업 경계도 무의미해졌다. 살아남기 위해 서로 성공 사례를 접목하면서,

온라인 유통업체 전반의 서비스 방식이 비슷해졌다. 소셜 커머스로 시작한 쿠팡은 이미 오픈 마켓 사업을 시작했고, 반대로 오픈 마켓 태생의 G마켓과 11번가는 물류센터 기반의 직매입형 모델을 도입했다. 이러한 상황에서 쿠팡의 물류 인프라 확대는 전방위 유통 구조를 통합하려는 시도로 해석할 수 있다.

이러한 상황에 코로나19 바이러스의 확산은 쿠팡의 매출 증대에 기여하고 있는 것이 사실이다. 하지만 시장 지배력과 영향력이 다른 온라인 경쟁자들을 압도하지 못하고 있기 때문에 새로운 전략의 모색이 불가피하다.

예를 들어 상품 매입력 확대를 위해 직접 매입 비중을 축소하는 것도 방법이다. 상품 확대를 꾀하려 직매입 비중을 늘렸던 것이 고정비를 또한 증대시키며 쿠팡을 압박하고 있기 때문이다. 매출의 증대와 적자 규모 확대가 동시에 이뤄지는 현행 시스템은 언제든 큰 위기에 봉착할 수 있음을 기억해야 한다.

따라서 쿠팡은 전략 방향성을 점검하고 오프라인 유통 채널과 물류 시스템의 변화를 추구할 필요가 있다. 가능하다면 유통과 물류 시장의 결합을 통해 새로운 부가가치 창출을 모색함으로써 비용 절감을 극대화해야 한다. 또한 차별화된 경험을 고객에게 전달하는 쿠팡 중심의 소비 생태계를 만드는 데 집중해야 한다. 이미 아마존이 그러했듯, 규모의 경제로 비용을 줄이는 전략을 구사하는 방법이다.

다행인 것은 코로나19 바이러스 장기화로 인해 쿠팡의 거래 규모와 비즈니스 기회가 증가하고 있다는 것이다. 언택트 소비 문화도 한몫하였지만 외식 대신 배달 주문이 성행하는 중심에는 쿠팡이츠가 있었다. 쿠팡이츠는 코로나19 상황에서 론칭과 동시에 엄청난 성장을 이뤄냈다. 바로 '일편단심 한집배달'이라는 콘셉트로 신속한 배달을 이용자들에게 약속하며 충성 고객을 확보한 것이다.

이렇게 플랫폼 기업의 면모를 갖추어가며 발전하는 쿠팡은 글로벌 트렌드를 반영한 사업 확장에도 박차를 가하고 있다. 2019년 우버(Uber)의 성공 신화를 이끈 CTO 후안 팜(Thuan Pham)을 영입하는 한편, 2020년 말 온라인 동영상 스트리밍 서비스인 쿠팡플레이를 출범하여 최근 성장하는 OTT 시장을 겨냥하고 있다. 여기에 더해 쿠팡은 2021년도 나스닥 상장을 목표로 하고 있다.

이처럼 시의적절한 사업 아이템으로 우리의 생활 전방위에서 시장 점유율을 늘려나가고 있는 쿠팡은 신규 파트너사를 지속적으로 유치하고, 공격적 투자를 통해 시장 영향력을 한층 강화하는 전략으로 사업 모델을 다각화하는 데 성공하였다. 아시아의 아마존이라 불리며 사업 확장력과 내실을 다지고 있는 쿠팡의 발전 모델이 앞으로도 기대된다.

10

카카오의 플랫폼 다각화

2006년, NHN 대표였던 김범수 의장이 카카오를 설립하고 모바일 메신저와 플랫폼 서비스인 카카오톡을 출시하였다. 카카오톡은 스마트폰 보급 시기에 그 인기가 급상승하면서 국민 메신저 앱으로 성장하였다.

이에 머무르지 않고 카카오는 강력한 플랫폼 서비스를 만들기 위해 스마트폰 게임을 카카오톡에 탑재하였다. 이로써 카카오톡 게임이라는 서비스를 추가하여 메신저 기능만이 아닌 다양한 서비스를 기대하게 되었다. 2011년에는 본격적으로 플랫폼 서비스로 변화하면서 플러스친구를 앞세워 기업 채널 운영 서비스를 추가했다. 2012년에는 카카오스토리를 출시하면서 소셜 네트워크의 기능을 더욱 강화하기도 하였다.

이에 안주하지 않고 카카오는 새로운 도약을 위해 2014년 다음커뮤니케이션과 합병하였다. 다음카카오에서 카카오로 사명을 변경하고, 카카오페이와 카카오택시라는 다각화 전략을 전개한 것이다. 2016년에는 국내 최대 디지털 음악 플랫폼인 멜론을 인수하며 온라인 음원 유통 사업을 통해 플랫폼에 담을 콘텐츠 수를 점점 늘려나갔다. 그뿐 아니라 카카오뱅크를 출시하여 금융업

| 그림 25 | 카카오 주요 연혁

연도	내용	주요 서비스
1996	카카오 전신인 아이위랩 설립	블로그
2010	카카오톡 서비스 개시	소셜 메신저
2011	카카오채널 출시	Biz 커뮤니티
2012	카카오벤처스 전신 설립	스타트업 투자
2013	카카오페이지 서비스 개시	웹툰, 웹소설 등 콘텐츠
2014	다음·카카오 합병 발표, 이듬해 카카오로 사명 변경	검색 포털
2015	카카오 T택시 출범	택시, 내비 등
2017	카카오뱅크 인가	모바일 뱅킹
2018	카카오커머스 설립	선물, 쇼핑
2019	카카오엔터프라이즈 설립	AI 혁신 솔루션
2020	카카오TV 서비스 리뉴얼	OTT 콘텐츠
2021	카카오페이지-카카오M 합병 : 카카오엔터테인먼트 출범	글로벌 Ent. 콘텐츠

에도 진출하였다. 카카오뱅크는 카카오페이, 카카오톡과도 연동은 물론 비대면 기술을 활용하여 기존 은행과 신규 업체가 따라올 수 없는 플랫폼 시스템으로 자리매김하여, 2021년 IPO를 예정하고 있다.

또한 카카오워크를 통해 협업 툴 서비스를 제공함으로써 직장인들의 업무 효율을 향상시킬 것으로 기대되고 있다. 한편, 카카오TV를 리뉴얼하면서 통합 동영상 플랫폼으로 방송사 영상, 개인 인터넷 방송, 동영상 플레이어를 아우르는 OTT 서비스를 선보였다. 영상 콘텐츠 비즈니스 플랫폼이 필요한 카카오 입장에서 서비스 영역을 OTT로 확대한 것은 다양한 오리지널 콘텐츠들을 제작하고 배포함으로써 미디어 플랫폼 경쟁력을 확보하려는 자연스러운 수순이었다.

카카오의 변신은 자회사 간의 합병을 통해서도 구체화되었다. 바로 카카오페이지와 카카오M의 합병으로 설립된 카카오엔터테인먼트를 통해 웹툰 등 1차 콘텐츠에 이어서 드라마나 영화 등 2차 콘텐츠까지 원천 스토리 지적재산(IP)을 활용해 보다 빠르게 고객이 원하는 작품을 만들고 관리할 수 있는 시너지 시스템이 구현된 것이다. 카카오의 수직계열화로도 해석되는 두 회사의 합병은 콘텐츠의 연결성에 깊은 의미가 있다. 두 회사가 그동안 타깃으로 정한 고객층이 사업의 성격상 다르지만, 카카오엔터테인먼트에서 개발하는 오리지널 콘텐츠를 통해 서비스 고객이 재편될 것이기 때문이다.

이제 카카오엔터테인먼트는 기존의 고객이 아닌 새로운 고객을 어떻게 끌어당기고 신규 고객과 연결된 관계를 지속하는 방안에 대해 중점을 기울이며, 새롭게 탄생한 비즈니스 조직의 당면한 숙제를 풀어갈 것이다.

이처럼 고객에게 편의를 제공하려는 카카오의 가치 제안을 사람들은 마다하지 않는다. 잘하는 이가 더욱 잘하게 되는 승자독식의 원리에 따라, 카카오는 이용자들에게 더 가치 있는 서비스를 제공하기 위해 일상의 문제점을 발견하고 그 솔루션을 마련하는 데 집중하고 있다.

카카오의 이러한 성장 배경에는 특별한 조직 문화가 있다. '신뢰, 충돌, 헌신'이라는 사훈이다. 카카오는 고객이 제안한 개선점과 신규 서비스 아이디어를 적극적으로 반영한다. 신뢰를 바탕으로 많은 의견들을 개진하고 수렴하며 충돌을 마다하지 않는 것이다. 충돌의 진통을 겪고 개선된 아이디어가 나오면 여기에 헌신한다는 조직 문화의 프로세스가 고객에게 제공하는 서비스 혁신으로 이어지면서, 언제든 이용자가 원하는 형태로 빠르게 태세를 전환할 수 있는 역량을 확보한 것이다.

사실 카카오가 처음 등장했을 때, 이렇게까지 성장할 거라고는

| 그림 26 | 카카오 연결 손익계산서(재무제표 요약)

IFRS(연결)	2017/12	2018/12	2019/12	2020/12
매출액(억원)	19,723	24,170	30,701	41,567
영업 이익(억원)	1,654	729	2,068	4,560
당기순이익(억원)	1,251	159	−3,419	1,671
영업이익률(%)	8.38	3.02	6.73	10.97

출처 : 카카오

아무도 상상하지 못했다. 하지만 지금 카카오의 가치는 가늠할 수 없을 정도로 무궁무진하다. 이미 플랫포머가 되었고, 앞으로 새로운 기능을 담는 일만 남았기 때문이다.

물론, 근본적으로 재탄생하는 단계에 접어들지 못했기에 카카오는 아직 미흡한 부분이 있다. 하지만 사업 다각화와 확장을 통해 디지털 플랫폼을 구현한 카카오는 새로운 규칙을 선도해나갈 가능성이 있다. 카카오는 플랫폼을 구축하여 제기된 문제를 전략적으로 지금까지 잘 처리해왔다. 앞으로도 카카오는 데이터 확보와 활용을 통해 우리 사회에 엄청난 영향력을 끼칠 것이다.

기능 서비스로 시작하여 플랫폼 비즈니스로 확장하는 비즈니스는 한 영역에서 우선순위를 확보하는 경우가 많다. 예를 들어 카카오톡 이용자를 이용하여 새로운 수익 모델을 얻기 위해 공급자 커뮤니티의 플랫폼을 구축하려고 했다. 마찬가지로 다음 맵 (Map)은 사용자에게 매핑 서비스를 제공한 후, 오픈 맵 API를 제공하여 새로운 수익 모델을 생성하고 타사 개발자와 광고주, 공급자를 모으고 확장하는 아이디어를 제시하며 맞춤형 플랫폼 전략을 론칭했다.

카카오는 다양한 참가자가 있는 양면 시장을 확립함으로써, 카카오에서 제고하는 모든 유형의 플랫폼 비즈니스 모델은 생산자나 제3자 공급자가 사용자 커뮤니티에 접근할 수 있게 하는 가치 요건을 충족시켰다.

카카오는 참가자가 다른 참가자를 끌어들임으로써 고객 가치를 창출하고 네트워크 효과를 창조하였다. 네트워크 효과로 특정 임계값 이후에는 회사가 또 다른 조치를 취하지 않더라도 참가자 수가 계속 늘어난다. 네트워크 효과는 다른 참가자의 참여를 유도하고 회사 생태계의 강력한 원동력이 될 것이다.

따라서 카카오는 지속적으로 모든 유형의 플랫폼에서 참가자 수를 늘려나가야 하는 과제를 안고 있다. 그러나 각 플랫폼 비즈니스 모델의 기능이 서로 다르므로 각 서비스에 적합한 접근 방식을 고려해야 한다.

카카오의 플랫폼 전략이 앞으로 나아갈 방향을 살펴본다면 먼저, 카카오가 속해 있는 시대의 속성을 고려하여 주도적으로 디지털 생태계를 조직하는 것이 필요하다. 디지털 시대는 비즈니스 적합성과 중요성에 따라 그 생태계가 수시로 달라진다. 어떤 기업이든 생태계에 소속되어 있으므로, 카카오 역시 다른 기업과 공존하고 상생하며 주도적이고 모범적인 전략을 추진해가길 바란다.

가장 성공적인 플랫폼 기업은 어원에서 살펴보았듯이 협력을 통해 경쟁력을 함께 만들어나간다. 디지털 시대에는 어떤 기업도 섬이 아니라는 말이 있다. 모든 디지털 기업들이 적이자 친구다. 기존 기업도, 스타트업도 마찬가지로 모든 기업이 경쟁자이면서 협력자요, 공급자이면서 구매자인 것을 기억해야 한다.

카카오는 글로벌 플랫폼 기업으로 발전하고자 하는 목표와 함께 기존 고객뿐만 아니라 새롭게 확보해야 할 글로벌 고객을 창출해야 하는 상황에 처해 있다. 이에 필요한 전략을 모두 동원해야 하는 상황에서 현존하는 디지털 생태계의 구성원들과 함께 시장을 이끌어갈 다각화 전략을 해를 거듭하며 모색하고 있다. 앞으로 카카오를 통해 탄생하는 콘텐츠와 서비스가 디지털 플랫폼과 결합되어 글로벌 무대에서도 남다른 경쟁력으로 빛을 발하길 기대한다.

플랫폼에 함께 있다

〈파운더(Founder)〉라는 실화를 바탕으로 만든 영화는 주인공 레이 크록(Ray Kroc)의 성공을 향한 노력을 담은 것으로, 추진력을 바탕으로 전국구 사업을 진행해나가면서 맥도날드라는 브랜드에 영감을 불어넣는 과정을 보여준다. 미국 내에 맥도날드라는 왕국을 건설해나가는 전략은 한때 지탄을 받기도 했지만, 그를 통해 비즈니스 전략을 배웠다는 작금의 경영자들을 심심치 않게 만나볼 수 있다.

영화를 보며 주목한 것은 프랜차이즈 전략과 전개 과정이었다. 주인공은 포기를 모르는 끈기와 적극적인 성향 덕분에 맥도날드 형제로부터 스피디 시스템(Speedy system)의 배경과 영업 구조 비밀을 듣고는 맥도날드 형제에게 프랜차이즈 사업을 제안하고, 강력한 추진력으로 계약을 성사시킨다. 그리고 각종 모임에서 점주를 모집하며 미국 곳곳에서 환대받는 설립자가 된다.

그러나 자본이 부족해 전전긍긍하던 크록은 우연히 투자가를 만나게 되고, 부지를 매입해서 점주에게 임대하는 방식의 부동산 사업으로 전환하게 한다.

크록은 자신이 원하는 것을 위해서는 물불을 가리지 않는다. 반면에 맥도날드 형제는 제품의 품질만을 생각하는 전략을 고수한다. 크록은 맥도날드 형제와의 계약을 어기는 한이 있어도 "물에 빠진 사람에게는 호스를 입에 물리겠다"며 목표를 향한 확고한 의지를 표현한다. 결국 그는 맥도날드의 사업권을 매수하는 계약을 체결한다.

개인적으로 바람직한 전략가의 모습은 크록과 맥도날드 형제의 결합형이라고 생각한다. 크록처럼 사업 확장에 대한 청사진을 그리고 거래처와 연계된 비즈니스를 조직하는 플랫포머로서의 역량을 보유하면서, 동시에 맥도날드 형제와 같이 고객이 필요로 하는 맞춤 시스템을 구상하고 품질의 투명한 가치를 실천하는 정도 경영의 자세를 갖추는 것이 플랫포머 시대에 필요하다.

언론고시라고 하듯, PD나 아나운서가 되는 방송 및 언론사 경쟁률은 매우 높다. 유명 아나운서는 언론고시 3관왕으로 알려지면서 세간의 화제가 되기도 했다. 그만큼 언론사 세 곳에 합격하는 것이 결코 쉬운 일이 아니다. 실제로 KBS의 경우 서류 전형,

논술과 시사 상식을 포함한 필기시험, 실무 능력 평가, 최종 면접까지, 여러 단계에 걸쳐 강도 높은 시험을 통과해야 공채 직원으로 뽑힌다.

필자는 군에 임관하여 장교로서 복무를 마친 후 바로 취직하지 못했다. 서류부터 면접까지 공을 들였지만 취업의 문은 쉽게 열리지 않았고, 도피하듯이 호주로 워킹홀리데이를 떠났다. 낯선 타국의 양고기 공장에서 하루 4,500마리의 냉동 양을 가공하며 차디찬 냉동고에서 작업하는 것은 유쾌한 일은 아니었다. 그러나 귀국 후 직업 선택에 대해 깊이 고민할 수 있는 시간이었다.

그러다가 양고기를 자르다 칼에 베여 부상을 입고 말았다. 그 일이 나중에 우리나라에서 취업에 재도전하였을 때 면접 소재가 될 줄은 몰랐다. 결국 원하던 회사에 입사할 수 있었다. 이러한 과정을 뒤돌아보았을 때, 나의 노력도 중요하지만 예기치 않게 발생한 사건들이 의미가 더 컸음을 깨달았다.

운이 좋았다고 하는 말은 남과 나에게 사용했을 때 완전히 어감이 달라진다. 남이 한 일에 운이 좋았다고 하면 그의 노력을 과소평가하는 것처럼 들리고, 내가 한 일에 운이 좋았다고 말하는 것은 겸손하게 들린다. 당신의 플랫폼이 성공한다면 무엇이라고 말하겠는가? 또한 어떻게 평가받길 원하는가?

비즈니스뿐만 아니라 주기도 하고 받기도 하는 인생이라는 플랫폼에서 과도한 경쟁으로 인해 수단과 방법을 가리지 않고 오롯이 성공을 향해서만 달려가는 플랫포머가 되지 않길 바란다. 지금 주변에 있는 사람들과 함께, 더 나은 조직으로 성장하는 것이 중요하다. 이 책을 읽은 여러분이 받은 믿음만큼 주변의 사람들과 신뢰를 만들어가고, 변화해가는 조직과 구성원의 모습을 보며 보람과 기쁨을 함께 누리는 아름다운 플랫포머가 되길 기대한다.

"분명히 너에게 밝은 미래가 있을 것이며 너의 희망이 끊어지지 않을 것이다." - 잠언 23:18

감사의 말씀

　이 책을 읽어주신 독자 여러분께 평안과 축복이 있으시길 간절히 바랍니다.

　좋은 책이 나올 수 있도록 물심양면으로 도와주신 중앙경제평론사 김용주 대표님과 임직원 분들께 진심으로 감사드립니다.

　유한한 인생을 영원한 빛으로 인도하시는 하나님께 영광을 드립니다.

부록 알아두면 유용한
개인정보보호법

　지난 수년간 플랫폼 산업의 진화와 융합이라는 시장의 트렌드
에 맞물려 다양한 플랫폼이 안정적으로 정착될 수 있도록 필요한
정책들이 입법화되었다. 우리나라 개인정보 보호 제도는 여러 침
해 사고를 계기로 강화되었으며, 글로벌화에 대비해 그 규제 수
준이 높아지고 있다.

　현재 플랫폼 서비스는 다방면에서 데이터가 활용되고 있기 때
문에 앞으로도 정책적 관점에서 개인정보 보호와 플랫폼 활성화
를 조화시키려는 노력이 필요하다. 플랫폼 서비스 비즈니스로 전
환하거나 이미 영위하고 있는 조직이라면 개인정보의 실질적인
이용자 보호, 데이터의 활용에 관련하여 개인정보보호법을 잘 알
아두면 유용할 것이다.

　그래서 개인정보 보호 측면에서 데이터 수집의 가능 여부, 처리
방법까지, 알아두면 좋은 개인정보보호법을 간략하게 소개한다.

1) 개인정보보호법의 개요

개인정보는 살아 있는 개인과 관련된 모든 정보를 의미한다. 그것을 통해서 그 개인임을 알아볼 수 있는 정보의 모든 것을 의미하는 것이다. 그 정보만으로는 특정 개개인을 알아볼 수 없다고 해도 다른 정보와 결합하여 개인임을 알아볼 수 있다면 모든 것이 개인정보에 포함된다.

개인정보보호법이 만들어진 이유는 그동안 일원화되지 못했던 개인정보와 관련된 법령 체계를 체계화하고, 개인정보를 이용한 사기, 보이스 피싱 등 악질 범죄가 늘어나면서 개개인의 자기 정보 보호 및 권익 보호를 강화하기 위하여 제정되었다.

2) 개인정보의 종류와 특성

- 일반 정보 : 성명, 주민등록번호, 주소, 연락처
- 경제 정보 : 소득, 재산 상황, 신용, 부채
- 사회 정보 : 학력, 성적, 병역, 직업, 자격
- 통신 정보 : 전자우편, 통화 내용, 인터넷 접속 IP, 로그(log)
- 민감 정보 : 사상, 신념, 노동조합, 정당의 가입 및 탈퇴, 정치적 견해, 건강 정보

이상의 모든 정보가 개인정보에 해당한다. 개인정보 보호는 더

이상 공공기관이나 대형 사업자만의 의무가 아니다. 법 적용 대상이 공공기관뿐만 아니라 비영리단체나 소규모 자영업자까지, 업무를 목적으로 개인정보를 사용하거나 처리하는 모든 사업자로 확대되었다. 따라서 플랫폼 비즈니스를 영위하는 사업자가 개인정보를 취급하게 되면 개인정보보호법이 적용된다.

3) 개인정보 처리 방침 고지

「개인정보보호법」 제30조 및 동법 시행령 제31조와 「정보통신망 이용촉진 및 정보보호 등에 관한 법률」 제27조 제2항에 따라 고객의 개인정보 및 권익을 보호하고 이와 관련한 고충을 원활하게 처리할 수 있도록 다음과 같이 개인정보 처리 방침을 수립하고 공개해야 한다.

개인정보 처리 방침을 통하여 개인정보가 어떠한 용도와 방식으로 이용되고 있으며, 개인정보 보호를 위해 어떠한 조치가 취해지고 있는지 다음 사항을 고지해야 한다.

1. 개인정보의 처리(수집·이용) 목적
2. 처리하는 개인정보의 항목 및 수집 방법
3. 개인정보의 처리 및 보유 기간
4. 개인정보의 제3자 제공

5. 개인정보의 파기에 관한 사항

6. 개인정보 처리의 위탁

7. 개인정보의 안전성 확보 조치에 관한 사항

8. 개인정보를 자동으로 수집하는 장치의 설치·운영 및 그 거부에 관한 사항

9. 정보 주체의 권리·의무 및 그 행사

10. 개인정보 보호 책임자에 관한 사항

11. 개인정보의 열람 및 청구를 접수·처리하는 부서

12. 정보 주체의 권익 침해 구제 방법

13. 개인정보 처리 방침의 변경에 관한 사항

4) 개인정보 이용 내역 통지 제도

일정 규모 이상의 사업자는 동의를 받아 개인정보를 수집한 이용자에게 주기적으로 개인정보의 수집·이용 목적 및 수집한 개인정보의 항목 등을 통지하는 제도다. 기관과 사업자가 개인정보를 수집하거나 이용하는 경우에는 정보 주체인 고객의 동의가 있거나, 법령에 의거한 규정이 있는 경우에만 가능하다. 또한 회원 탈퇴 등의 경우로 수집 목적이 사라진 경우 지체 없이 개인정보를 파기해야 한다.

1년의 기간 동안 플랫폼 서비스를 이용하지 않은 경우 즉시 파기하거나 개인정보를 분리하여 별도로 저장·관리하여야 하고,

법률에 특별한 규정이 있는 경우를 제외하고는 해당 개인정보를 이용하여서는 안 된다.

장기간 서비스를 이용하지 않고 방치되는 개인정보로 인한 고객의 피해를 방지하고 사업자의 불필요한 개인정보 보관을 최소화하기 위해 장기 미이용 고객의 개인정보를 보호할 수 있는 적절한 조치가 필요하다.

이에 따라 개인정보 처리자는 1년 기간 동안 이용하지 않는 경우 개인정보를 해당 기간 경과 후 즉시 파기하거나 다른 고객의 개인정보와 분리하여 별도로 저장·관리하여야 한다.

다만 1년이 경과했는데도 다른 법령에 따라 정보 주체의 개인정보를 보존하여야 하는 경우에, 다른 법령에서 정한 기간이 경과할 때까지 다른 정보 주체의 개인정보와 분리하여 별도로 저장·관리하여야 한다. 별도로 저장·관리하는 경우 법률에 특별한 규정이 있는 경우를 제외하고는 해당 개인정보를 이용하거나 제공하여서는 안 된다.

미이용 기간은 다른 법령 또는 정보 주체의 요청에 따라 다르게 정할 수 있다. 그리고 파기 30일 전까지 개인정보가 파기되는 사실, 기간 만료일 및 파기되는 개인정보 항목 등을 전자우편 등을 통해 이용자에게 알려야 한다.

온라인 사이트에서 직접 회원 가입을 하여 서비스를 이용하는 고객뿐만 아니라 SNS 소셜 로그인을 하여 서비스를 이용한 경우에도 별도의 미이용 기간을 정하지 않았다면 1년 이상 서비스를 이용하지 않은 고객의 개인정보는 파기하거나 별도로 저장·관리하여야 한다. 별도로 저장·관리하는 경우라면 개인정보 이용 내역 통지를 위해 개인정보를 이용하여서는 안 된다.

특별히 아이디·비밀번호를 이용하여 앱이나 웹에 로그인 가능한 서비스를 제공하는 소셜 플랫폼은 이용자 동의를 획득한 경우에만 연동 서비스 업체의 앱 또는 웹에 개인정보를 제공하여야한다.

고객의 입장에서는 별도의 회원 가입 없이 새로운 서비스를 이용할 수 있어 편리하기는 하나, 과도한 개인정보 제공, 소셜 서비스 탈퇴 시에도 제공된 개인정보는 파기되지 않는 등의 개인정보 관련 이슈가 있으므로, 고객에게 개인정보 제공 동의 내용을 알리고 정보 이용과 취급에 신중을 기할 필요가 있다.

참고문헌

- 짐 콜린스, 이무열 역, 《좋은 기업을 넘어 위대한 기업으로》, 김영사, 2002. 6.
- 김기찬 외, 《플랫폼의 눈으로 세상을 보라》, 성안북스, 2015. 3.
- 마셜 밴 앨스타인 외, 《플랫폼 레볼루션》, 부키, 2017. 6.
- 조용완, 《디지털 혁신만이 살길이다》, 클라우드나인, 2019. 8.
- 한국방송개발원, 〈지역 방송 경영 효율화 방안 연구〉, 1994. 11.
- 김선우, 〈한국 다이소의 고속 성장 비결〉, DBR, 2013. 6.
- 임은영, 〈현대모비스 지배 구조, 두 번 실패는 없다〉, 삼성증권, 2019. 6.
- 엠포스, 〈카카오 플랫폼 변화와 카카오 광고의 진화〉, 2019. 7.
- 기획재정부, 보도자료 〈한국판 뉴딜 종합 계획〉, 2020. 7.
- 심윤희, 〈테슬라와 오픈 소스〉, 매일경제, 2014. 6.
- 전우용, 〈백신〉, 한겨레신문, 2014. 11.
- 성초롱, 〈현대모비스 스타트업 투자 박차… 美 '오픈 이노베이션 센터' 열어〉, 파이낸셜뉴스, 2018. 11.
- 고설봉, 〈첫 성적표 받은 현대트랜시스… '시너지' 아직〉, 더벨, 2019. 6.
- 송영훈, 〈쿠팡은 어느 나라 기업일까?〉, 팩트체크, 2019. 8.
- 오로라, 〈中 '틱톡' 기습에 페북·유튜브·스냅챗 바짝 긴장〉, 조선일보, 2019. 11.
- 김재형, 〈폭풍 성장하던 중국 앱 틱톡 '빨간불'〉, 동아일보, 2019. 12.
- 황선무, 〈틱톡, 첫 번째 투명서 보고서 제출, 중국 게시 중단 요청 없다고 밝혀〉, 2020. 1.
- 최승진, 〈넥슨·SKT, 전략적 사업 제휴〉, 더팩트, 2020. 4.
- 양민경, 〈애자일 조직, 어떻게 바라봐야 할까?〉, HR블레틴, 2020. 5.
- 정치연, 〈현대모비스, '통합 아이디어 포털' 오픈… 미래차 연구 활성화〉,

전자신문(ETNEWS), 2020. 7.
- 문일요, 〈로컬은 현상이다〉, 조선일보, 2020. 8.
- 김인경, 〈"하고 싶은 걸 하면 안 된단 교훈이 스푼라디오 키웠죠"〉, 블로 터, 2020. 8.
- 김정민, 〈유튜버 70명의 뒷광고 고백, 그 뒤엔 파산 직전 'MCN 거품'〉, 중앙일보, 2020. 8.
- 채상우, 〈수수료 10배 싸게… 카카오發 '음식 배달' 태풍 예고 [IT선 빵!]〉, 헤럴드경제, 2020. 8.
- 박준호, 〈SSG닷컴도 오픈 마켓 진출… e커머스 사업 경계 사라져〉, 전자 신문(ETNEWS), 2020. 8.
- 손요한, 〈자동차 애프터 마켓 플랫폼 '카닥', 150억 원 투자 유치〉, 플래 텀, 2020. 8.
- 홍재의, 〈기타 제조사를 넘어 기타 교육 회사가 된 펜더〉, 티타임스, 2020.8.
- 「개인정보보호법」 제30조 및 동법 시행령 제31조
- 「정보통신망 이용촉진 및 정보보호 등에 관한 법률」 제27조 제2항
- James E. Heppelmann, Michael E. Porter, 〈How smart, connected products are transforming competition〉, HBR, 2014. 11.
- Marco Iansiti, Karim R. Lakhani, 〈Managing our Hub Economy〉, HBR, 2017. 10.
- NIRAJ DAWAR AND NEIL BENDLE, 〈Marketing in The age of Alexa〉, HBR, 2018. 6.
- MING ZENG, 〈Alibaba and the Future of Business〉, HBR, 2018. 10.
- Joon nak Choi, Marcella Ho, 〈Samsung as a Silicon valley company〉, HKUST, 2019. 3.
- 〈NVIDIA:Winning the deep-learning leadership battle〉, IMD, 2019. 4.
- Frank T. Rothaermel, 〈Nike, Inc.〉, McGraw Hill, 2019. 10.
- Mengmeng Wang, Noman Shaheer, Sali Li, Liang Chen, Jingtao Yi, 〈TIKTOK's Rise to global markets〉, Ivey Publishing, 2019. 11.

중앙경제평론사 Joongang Economy Publishing Co.
중앙생활사 | 중앙에듀북스 Joongang Life Publishing Co./Joongang Edubooks Publishing Co.

중앙경제평론사는 오늘보다 나은 내일을 창조한다는 신념 아래 설립된 경제 · 경영서 전문 출판사로서
성공을 꿈꾸는 직장인, 경영인에게 전문지식과 자기계발의 지혜를 주는 책을 발간하고 있습니다.

세상을 바꾼 플랫폼 성공 비법

초판 1쇄 인쇄 | 2021년 3월 20일
초판 1쇄 발행 | 2021년 3월 25일

지은이 | 김성겸(SungKyum Kim)
펴낸이 | 최점옥(JeomOg Choi)
펴낸곳 | 중앙경제평론사(Joongang Economy Publishing Co.)

대　　표 | 김용주
책임편집 | 한 홍
본문디자인 | 박근영

출력 | 한영문화사　종이 | 에이엔페이퍼　인쇄 · 제본 | 한영문화사

잘못된 책은 구입한 서점에서 교환해드립니다.
가격은 표지 뒷면에 있습니다.

ISBN 978-89-6054-265-5(03320)

등록 | 1991년 4월 10일 제2-1153호
주소 | ㉾ 04590 서울시 중구 다산로20길 5(신당4동 340-128) 중앙빌딩
전화 | (02)2253-4463(代)　팩스 | (02)2253-7988
홈페이지 | www.japub.co.kr　블로그 | http://blog.naver.com/japub
페이스북 | https://www.facebook.com/japub.co.kr　이메일 | japub@naver.com
♣ 중앙경제평론사는 중앙생활사 · 중앙에듀북스와 자매회사입니다.

도서
주문

www.**japub**.co.kr
전화주문 : 02) 2253 - 4463

중앙경제평론사에서는 여러분의 소중한 원고를 기다리고 있습니다. 원고 투고는 이메일을 이용해주세요.
최선을 다해 독자들에게 사랑받는 양서로 만들어드리겠습니다. **이메일** | japub@naver.com